Lotte Hanreich
Edith Zeltner

KÄSEN
LEICHT GEMACHT

120 Rezepte für die Milchverarbeitung

7. Auflage

LEOPOLD STOCKER VERLAG
GRAZ - STUTTGART

Umschlaggestaltung: Herwig Steiner, Graz
Umschlagfoto: Manfred Kröger, Wels
Fotos im Textteil:
Edith Zeltner, Renate Mohl, Boris, Bernhard u. Lotte Hanreich
Zeichnungen: Georg Hanreich

Die Rezepte in diesem Buch wurden von beiden Autorinnen sorgfältig geprüft.
Gerade bei der Käsebereitung kann aber keine Garantie für das Gelingen gegeben werden.
Ein Haftungsanspruch ist daher ausgeschlossen.

Hinweis:
Dieses Buch wurde auf chlorfrei gebleichtem, unter den Richtlinien von ISO 9001 hergestelltem Papier gedruckt.
Die zum Schutz vor Verschmutzung verwendete Einschweißfolie ist aus Polyethylen chlor- und schwefelfrei hergestellt. Diese umweltfreundliche Folie verhält sich grundwasserneutral, ist voll recyclingfähig und verbrennt in Müllverbrennungsanlagen völlig ungiftig.

ISBN 3-7020-0954-X

Printed in Austria
Druck: Druckerei Theiss GmbH, A-9400 Wolfsberg

INHALT

Einleitende Worte ... 11

Ein zweites Vorwort ... 14

Vorwort zur 6. Auflage ... 16

Milch als Nahrung für den Menschen ... 17

Inhaltsstoffe der Milch ... 17
Milchfett ... 17
Milcheiweiß ... 18
Milchzucker ... 19
Milchsäure ... 19
Mineralstoffe ... 20
Vitamine ... 21
Milcharten – Kuh, Schaf, Ziege, Stute ... 22
Vergleich der Inhaltsstoffe von Kuh-, Schaf- und Ziegenmilch ... 22
Käseausbeute ... 23
Besonderheiten der verschiedenen Milcharten ... 23
a) Ziegenmilch ... 23
b) Schafmilch ... 24
c) Stutenmilch ... 25
Milch für die Käseerzeugung ... 26
Käsereitauglichkeit ... 26
Pasteurisieren – ja oder nein? ... 27
Abkochen ... 29
Homogenisieren ... 29
Labfähigkeit ... 29
Keimgehalt ... 30
a) Säurebildner ... 31
b) Coliforme Keime ... 31
c) Staphylokokken ... 31
d) Buttersäurebakterien ... 31
Hygienische Eigenschaften der Milch ... 32
Eutergesundheit – Zellzahl ... 32
Hygiene ... 34
Hygiene im Stall ... 34
Hygiene beim Melken ... 34
Melkstand ... 35
Lagern der Milch ... 35
In welchen Gefäßen soll man Milch aufbewahren? ... 36
Reinigung der Gefäße ... 36

Melkmaschinen ... 37
Käsereikammer ... 37
Hefen und Schimmel ... 38

Flüssige Milchprodukte, Butter, Molke ... 41
Sauermilch oder Dickmilch ... 41
Joghurt ... 42
Rohmilchjoghurt ... 44
Stichfestes Joghurt ... 44
Joghurtähnliche Sauermilch ... 45
Fruchtjoghurt ... 46
Schafjoghurt ... 46
Ziegenjoghurt ... 46
Fehler bei der Joghurtherstellung ... 46
Rechtsdrehende und linksdrehende Milchsäure ... 47
Kefir ... 48
Kefirherstellung mit Pilzknollen ... 48
Kefirherstellung mit Ansatz ... 49
Schwedische Langmilch ... 49
Rahm ... 51
Zentrifugieren ... 51
Abrahmen ... 51
Schlagobers ... 51
Sauerrahm ... 51
Kaffeeobers ... 52
Butter ... 52
Butterherstellung ... 52
Gesalzene Butter ... 55
Schafbutter ... 55
Ziegenbutter ... 55
Butterschmalz ... 55
Buttermilch ... 56
Buttermilchtopfen ... 56
Buttermilch-Milchtopfen ... 56
Molke und Molkeprodukte ... 57
Molke ... 57
Klarmolke ... 57
Verwendung von Molke ... 57
Molkeprodukte ... 58
1. Molkenkugel ... 58

2. Ricotta 58
3. Zieger oder Schotten 58
4. Schotten-Suppe 59
5. Gewürzzieger 59
6. Ziegerlkas 59
7. Schaumspeise 59
8. Glarner 59
9. Schottensyk oder Molkensyk 60
10. Molkenbutter 60

Käseherstellung 61
Allgemeines 61
Zusammenfassung der Voraussetzungen 62
Allgemeine Herstellungsanleitung 65
Vorbereitung der Milch 65
a) Verarbeitungstemperatur 65
b) Zugabe von Säurewecker oder Säurestarter 65
c) Spezialkulturen 66
d) Vorreifungszeit 66
Labzusatz 66
a) Wirkung 66
b) Labmenge 66
c) Einlabtemperatur 67
d) Labzusatz 67
Dicklegungszeit 67
Bruchbearbeitung 68
a) Messerprobe 68
b) Bruchbearbeitung und Käsen 68
Reifung 69

Frischkäse 71
Geräte zur Herstellung von Frischkäse und Topfen oder Quark 71
Topfen oder Quark 73
Allgemeine Anleitung zur Herstellung von Topfen 73
1. Sauermilchtopfen 73
2. Labtopfen 73
Topfenrezepte 78
1. Sauermilch- oder Buttermilchtopfen 78
2. Magermilchtopfen 78
3. Magermilchtopfen aus pasteurisierter Milch 78

4. Fetter Rahmtopfen 78
5. Joghurttopfen 79
6. Kefirtopfen 79
Weiterverarbeitung von Topfen 79
1. Liptauer 79
2. Paprikatopfen 79
3. Mosaiktopfen 80
4. Topfenrolle 80
5. Kräutertopfen 80
6. Süßer Topfen 80
7. Topfenroulade „Rollino" 80
8. Kräutertopfen-Käsetorte 82
Magermilchtopfen-Käserezepte 82
1. Lungauer Topfenkäse 82
2. Topfkäse, Stöcklkas 83
3. Topfenkäse 83
4. Geräucherter Topfenkäse 83
5. Käse von Neuchâtel 83
6. Tiroler Graukäse 84
7. Steirerkas 84
8. Vorarlberger Sauerkäse (Sura Kas) 85
9. Einfacher Kochkäse 86
10. Kochkäse, Röstkäse, Glundner 88
11. Quargel 88
12. Mainzer Handkäse 88
Fehler bei der Topfenherstellung 90
Zu geringe Ausbeute 90
Übersäuerung 90
Zu mild und ohne Geschmack 90
Topfen wird zu bröselig 91
Zu fester, geschmackloser Topfen 91
Blähungen im Käse 91
Hefen 92
Schimmelpilze 92
Staphylokokken 93
Metalliger Geschmack 93
Wetter 93
Frischkäse 95
Frischkäse ohne Reifung 95
1. Gupf 95

2. Erlauftaler ... 96
3. Variationen von Gupf und Erlauftaler ... 96
4. Weitere Verarbeitung von Gupf und Erlauftaler ... 98
Frischkäse mit kurzer Reifungszeit ... 99
1. Handkäse ... 99
2. Handkäse mit Gewürzen ... 99
3. Handkäse haltbar machen ... 101
a) In Öl einlegen ... 101
b) In Salzwasser einlegen ... 101
c) Einfrieren von Handkäse ... 101
4. Weißschimmelkäse ... 102
5. Frischkäse in Kastanienblättern ... 102
6. Frischer Kochkistenkäse ... 103
7. Käsekugel ... 103
8. Lagenkäse ... 103
9. Rahmkäse ... 104
10. Frischkäse nach Art des Gervais ... 104
11. Feiner Ziegenfrischkäse ... 106
12. Ziegenfrischkäse aus Frankreich ... 106
13. Andalusischer Ziegenkäse ... 106
14. Land-Frischkäse ... 107
15. Brimsen – Schafkäse aus den Karpaten ... 107
16. Ungarischer Brimsen ... 108
17. Mozarella ... 108
Verkauf von Frischkäse ... 108
Verkaufswege ... 108
Verpackung ... 109
Warenbezeichnung ... 109

Weichkäse ... 111
Weichkäse – Grundrezept ... 112
Herstellung eines Weichkäserohlings ... 113
Weichkäserezepte ... 122
Weichkäse ohne Schimmeleinwirkung ... 122
1. Weichkäserohling – Weichkäse nach Hohenheimer Art ... 122
2. Kleiner Laibkäse aus Schafmilch ... 123
3. Vollfetter, milder Schafkäse ... 123
4. Weichkäse in Formen ... 123
5. Gereifter Ziegenkäse ... 124
6. Rahmkäse ... 124
7. Pfefferkäse ... 125

8. Waldkräuterkäse, Knoblauchkäse, etc. 125
9. Weichkäse in Weinblättern 125
10. Walnußkäse in Nußblättern 125
11. Aschenkäse 125
12. Pecorino in Öl gelegt 126
13. Feta – Salzlakenkäse 126
14. Milder Schafweichkäse 127
15. Schwarzenberger Käse 127
16. Geräucherter Weichkäse 128
17. Räucherkäse 128
18. Cádiz 128

Weichkäse mit Rotschmiere 129
1. Schnittfester Weichkäse 129
2. Butterkäse 129
3. Schloßkäse-Art 130
4. Steppenkäse 131
5. Halbfetter Steppenkäse 131
6. Schnittkäse nach Hohenheimer Art 131
7. Backstein- oder Ziegelkäse 132
8. Topfkäse 132
9. Münsterkäse 133
10. Kleiner Münster 133
11. Pinzgauer Bierkäse 134
12. Beaumont 134
13. Pecorino 134
14. Käse nach Art des Edamer 135
15. Käse nach Edamer-Art 135

Schimmelkäse 138
1. Käse nach Art des Camembert 138
2. Weißschimmelkäse 140
3. Ziegen- oder Schafmilch-Camembert 140
4. Weißschimmelkäse nach Art des Brie 140
5. Camembert mit Rotschmiere 141
6. Altenburger Ziegenkäse 141
7. Doppelschimmelkäse 142
8. Edelpilzkäse – Käse nach Roquefort-Art 142
9. Käse nach Art des Gorgonzola 143

Schnitt- und Hartkäse 145

Allgemeines 145

Allgemeine Herstellungsanleitung für Schnitt- und Hartkäse 146
Schnitt- und Hartkäserezepte 157
1. Halbfetter Hartkäse 157
2. Hartkäse aus Schafmilch 158
3. Käse nach Tilsiter Art 159
4. Halbfetter Jausenkäse 159
5. Cheddar (England) 160
6. Amerikanischer Cheddar 161
7. Hofkäse 161
8. Radener Käse (Mecklenburg) 162
9. Chesterkäse (England) 162
10. Gouda (Holland) 163
11. Gouda-Art 163
12. Emmentaler 165
13. Spalenkäse (Schweiz) 166
14. Gruyère Käse (Schweiz) 166
15. Parmesan (Italien) 166

Käsefehler 169
Fehlerquelle Milch 169
Fehlerquelle Verarbeitung 170
Fehler bei Hartkäse 173
Fehler am Emmentaler 174
Schaden am Käse 175

Geräte zur Käseherstellung 177

Anhang 185

Bezugsquellen von Käsereibedarf 193
Österreich 193
Deutschland 193
Schweiz 194

Literaturverzeichnis 195

Stichwortverzeichnis 199

EINLEITENDE WORTE

Als ich begonnen habe, Käse zu machen, wußte ich praktisch nichts vom Käsen. Ich hatte keine Erfahrung, keine Nachbarn, die Käse herstellten, und auch kein Buch, in dem ich nachblättern konnte. Ich fand zuerst selbst heraus, was ich machen mußte, um Käse zu erhalten. Später halfen mir gute Freunde, Bücher und Kurse weiter. Was mir aber immer noch fehlte, war ein Käsebuch, ein Nachschlagewerk, wo so ziemlich alles drinnen steht, was ich brauchte, um verschiedenste Käserezepte ausprobieren zu können. So fing ich an, Rezepte und gute Ratschläge zu sammeln, selbst viel zu versuchen, Kurse zu besuchen und Kurse für Anfänger zu geben. Bei diesen Kursen merkte ich, welche Schwierigkeiten es immer wieder gab, Schwierigkeiten, die ich bereits durch meine Erfahrung überwunden hatte. Aus dieser Praxis ist nun ein Buch entstanden.

Es möge als Anregung dienen, zu versuchen, aus der eigenen Milch Käse herzustellen und so die Milch, die am Hof manchmal zu reichlich anfällt, selbst zu verarbeiten, in Form von Käse haltbar zu machen. Es kann jedoch nicht allein einen Leitfaden bilden, Käse herzustellen, nur, um ihn dann verkaufen zu können. Sicherlich gibt das Buch auch den Käsern, die den Käse gewerblich herstellen, um ihn zu verkaufen, einige praktische Hinweise. Wollen wir unseren eigenen Käse erzeugen, für Familie und Freunde, so soll dieses Buch auf vielerlei Notwendigkeiten und Voraussetzungen aufmerksam machen, damit aus der Milch ein entsprechend guter Käse entstehen kann. Wichtig sind vor allem der Experimentierwille und ein wenig Risikofreudigkeit.

Man kann grundsätzlich aus jeder Milch, die von gesunden Tieren stammt, die sauber und frisch genug ist, Käse machen. Es ist egal, welche Milch wir verwenden, Kuh-, Schaf- oder Ziegenmilch oder auch gemischte Milch. Es wird immer Käse daraus.

Die Käseherstellung lag bei uns bis vor ca. 100 Jahren fast ausschließlich im Aufgabenbereich der Frau, der Bäuerin, der Sennerin. Erst seit sich die Käseherstellung vom Bauernhof, dem Meierhof, in die Molkereien verlagert hatte, wurde sie die Domäne der Käsereimeister. Wir finden kaum mehr Frauen in den Molkereien, die als Käsereimeisterinnen tätig sind.

Ich werde mit diesem Buch auch die Möglichkeiten der Frau als Mutter und daher als Verantwortliche für die gesunde Ernährung der Familie, der Kinder, unterstreichen und auf einiges aufmerksam machen, was wir Frauen stillschweigend an die Nahrungsmittelindustrie abgegeben haben: das Wissen über die Qualität der Nahrung und ihren Wert für das gesunde Heranwachsen der eigenen Kinder. Wir vertrauen doch viel zu oft eher einer Beschriftung auf einer plastikverpackten, sterilisierten Nahrung als unseren eigenen, selbst hergestellten, natürlichen Lebensmitteln.

Dieses Buch möge dazu dienen, daß die verschiedensten Käsesorten wieder neu entdeckt und entwickelt oder abgewandelt werden.

Finden Sie heraus, ob Ihnen Käse zubereiten Freude macht, Freude am Herstellen und an der Zufriedenheit der Esser.

Möge dieses Buch bewirken, daß sich da oder dort eine wahre Käseexpertin oder ein Käseexperte entwickeln, die ihre eigenen Sorten, ihren ganz spezifischen Käse herstellen und damit Liebhaber sowie zufriedene Käufer finden.

Seien Sie sich aber auch bewußt, gleich zu Beginn bewußt, daß guter Käse sehr viel Sorgfalt und einige Mühen mit sich bringt, und daß Sie nur dann wirklich guten Käse herstellen können, wenn Sie viele Faktoren beachten und stets weiterlernen wollen. Und bedenken Sie, daß der Käse, den Sie mit vielen Mühen zubereiten, seinen hohen Wert (Preis) hat, wenn Sie diesen verkaufen wollen.

Fangen Sie also mit dem einfachsten Käse, dem Frischkäse, an, und wenn Sie einige Frischkäsesorten erfolgreich ausprobiert haben, wenden Sie sich den nächsten Käsen, den Weichkäsen, zu. Die Weichkäse sind insofern schwieriger, weil Sie alle Herstellungsfaktoren exakter beachten müssen. Sie werden, weil sich der Käse länger hält, nur von wirklich allerbester Milch Weichkäse herstellen können. Haben uns geringere Mengen Hefebakterien im Topfen oder Handkäse noch nicht so sehr gestört, weil der Käse innerhalb einer Woche gegessen wird und sich die Hefebakterien nicht schädlich auswirken können, so können Sie beim Weichkäse das nicht mehr tolerieren. Beherrschen Sie dann die Weichkäseherstellung, versuchen Sie auch Schnitt- und eventuell Hartkäse zu erzeugen. Da Hartkäse einige Monate bis Jahre reifen und halten sollte, ist jeder Käsefehler zu vermeiden. Es wäre schade, wenn sich während oder nach Ablauf der Reifezeit herausstellen sollte, daß die Milch, die Hygiene oder sonstige Voraussetzungen bei der Verarbeitung und Reifung nicht in Ordnung waren und der Käse verdorben ist.

Man unterscheidet, ob Käse aus Kuh-, Schaf- oder Ziegenmilch hergestellt wird. Jede Milch hat ihren bestimmten Wert. Kuhmilch hat in der heutigen Zeit in unserem Land wohl die größte volkswirtschaftliche Bedeutung. Einzelne Menschen lieben aber Schaf- oder Ziegenmilch und trinken diese als Diätmilch. Letztlich bestimmen aber Sie bzw. Ihre Tiere, welche Milch Sie zu Käse verarbeiten. Seien Sie sich klar, wenn Sie mit dem Käsen beginnen, daß Sie ein wertvolles Produkt, die Milch, in ein anderes wertvolles Produkt, nämlich Käse, verwandeln wollen. Unter Beachtung der vielfältigsten Faktoren werden sich Ihre Anstrengungen sicher lohnen.

Ich selbst habe viele der angeführten Käsesorten ausprobiert, aber ich konnte nicht jedes Rezept überprüfen, ob es auch für Schafmilch oder im anderen Fall für Kuhmilch geeignet ist. Über Anregungen und neue Rezepte freue ich mich immer.

An dieser Stelle möchte ich meinen Dank aussprechen: meinen Kindern, die mich immer wieder mit ihrem freudigen Lob ermunterten; meinem Mann, der mir viele Geräte bastelte, die damals noch nicht käuflich erhältlich waren; an Ida Schwintzer, ohne deren Buch ich über den Topfen nicht hinausgekommen wäre; an Renate Mohl, die mir vor vielen Jahren mit ihrem Kurs einen ersten praktischen Einblick in die Käserei am Bauernhof gab; an Wolfgang Holz, Herrn v. Welck und Josef Pölzleitner, die mir oft mit Rat und Tat zur Seite gestanden sind. Ohne sie, meine Freunde, wäre dieses Buch wohl nie zustande gekommen. Herzlichen Dank!

Mein Dank gilt auch Edith Zeltner, die ich für die Zusammenarbeit gewinnen konnte. Ich hoffe, daß meine praxisnahen Ausführungen mit ihrem theoretischen Wissen gut übereinstimmen und so ein wertvolles Gesamtwerk entstanden ist.

Lotte Hanreich *A-4742 Pram, Frühjahr 1989*

EIN ZWEITES VORWORT

Meine Aufgabe in diesem Buch war es, die theoretischen Kapitel zu schreiben und den Herstellungs-, Rezept- und Literaturteil, der bereits so gut wie fertig war, zu überarbeiten und zu ergänzen.
Mir liegt viel daran, daß in der Landwirtschaft neue Wege gesucht werden, um kleinen Betrieben ein Überleben zu sichern und den Anforderungen der Zeit im wahrsten Sinn des Wortes „gerecht“ zu werden. Viele gute neue Wege sind eigentlich „alte“: Überkontingentmilch, Schaf- oder Ziegenmilch zu Joghurt, Sauermilchprodukten und Käse zu verarbeiten. In erster Linie für den Eigenbedarf (nach dem Motto: was man nicht ausgibt, muß nicht vorher verdient werden!), aber auch zur Abgabe an Gäste und Freunde, in manchen Fällen sogar zur Entwicklung eines eigenen Betriebszweiges.
Für mich hat dieses Buch aber auch noch einen weiteren Sinn: Konsumenten, die sich mit Genuß ein Stück Käse von „ihrem“ Bauern abschneiden, sollen einen Einblick bekommen in die Arbeit, das Wissen und die Kunst, die hinter diesem Produkt stecken. Schon bestehende „Beziehungen“ können dadurch gefestigt, neue geknüpft werden. In den kommenden Jahren wird wohl mehr denn je von solchen persönlichen Beziehungen zwischen Bauern und Konsumenten abhängen. Und mancher Genießer wird vielleicht selbst einmal ein paar Liter Milch mehr einkaufen, seine Küche für einige Stunden vor ungebetenen Gästen und einer zu hohen Dosis Stadtluft verriegeln, sich eine Schürze umbinden und Sennereimeister spielen. Mit Hilfe dieses Buches soll der Versuch mit einem Erfolgserlebnis enden; natürlich wird nicht garantiert, daß der selbstgemachte Käse auch bis zum Reifestadium durchhält: bei zu viel Ungeduld wurde so manches helle, feste Laiberl bereits viel zu früh angeschnitten und verspeist.

Erfolg wird heute mehr denn je von Qualität beeinflußt. Die Zeiten, in denen – gesamtösterreichisch betrachtet – Mengenerträge zählten, sind bei uns momentan vorbei. Was geschätzt und auch bezahlt wird, sind gesundheitlicher Wert, guter Geschmack und persönliche, individuelle Aufmachung, die das bäuerliche Erzeugnis vom Massenprodukt abheben – ein hygienisch einwandfreies Produkt vorausgesetzt. Das alles soll dieses Buch anregen und so auch dem schon erfahrenen Käser als Nachschlagwerk dienen.
Nicht zuletzt hat mir das Arbeiten rund um die vorliegenden Seiten großen Spaß gemacht, und ich habe viel gelernt – bestimmt nicht nur Fachliches! In Lotte und ihrer Familie habe ich gute Freunde dazugewonnen, und das Zusammenarbeiten war eine wichtige Erfahrung.
Auch ich habe einigen zu danken: in erster Linie meiner Familie, die eine Verzögerung des Studiums und das viele Wegsein geduldig hingenommen hat. Und dann der Vielzahl von Milchverarbeitern – vor allem auf dem Schaf- und Ziegenkäsesektor – in Österreich und Süddeutschland, die ich im Lauf meiner Diplomarbeit kennengelernt habe und die mich so großzügig nicht nur mitarbeiten und (er)leben ließen, sondern mich auch in ihre Familien aufgenommen haben. Nur einige seien aufgezählt: Anni, Gunther, Markus und Barbara, Gerlinde und Bernhard samt Oma, Toni, Marianne und

Gerhard, Frieda und Hans samt Kindern, und viele andere! Ihnen allen möchte ich auf diese Weise ein herzliches Dankeschön sagen. Aber jetzt an die Arbeit und – viel Freude und Erfolg beim Selbermachen!

Wien, Frühjahr 1989

Für die hilfreichen Hinweise zur Vorbereitung der 6. Auflage bedanke ich mich bei Familie Rosenberger aus Ponigl bei Weiz, bei Robert Paget, Anni Oberreiter-Pfatschbacher und Monika Santner.

Edith Zeltner

VORWORT ZUR 6. AUFLAGE

Alles, was wir in den einleitenden Worten zur ersten Auflage des Buches geschrieben haben, gilt auch heute noch. Es war allerdings nicht abzusehen, daß sich die Voraussetzungen zur Käseherstellung am Bauernhof, zumindest in Österreich, so schnell ändern würden. So bestehen heute ein sehr großes Interesse und die Möglichkeit, die Milch wieder selbst am Bauernhof zu verarbeiten. Viele der Käsemacher haben bereits großen Erfolg mit dem „Ab Hof-Verkauf" und auf den Bauernmärkten, die nun schon fast in jedem größeren Ort regelmäßig abgehalten werden.
Dieses Buch war und ist auch nach der Überarbeitung zur 6. Auflage als Einstieg in das geradezu unerschöpfliche Wissens- und Erfahrungsgebiet „Milchverarbeitung und Käseherstellung" gedacht. Zur Meisterschaft werden aber darüber hinaus sicherlich Fortbildungskurse, viel Erfahrung und stets Bereitschaft zum Dazulernen erforderlich sein.
Wir wünschen allen Lesern Freude und Erfolg mit den selbst hergestellten Milchprodukten!

Lotte Hanreich/Edith Zeltner *Pram/Wien, Februar 1995*

MILCH ALS NAHRUNG FÜR DEN MENSCHEN

Die Nahrung dient dem Aufbau und der Regeneration des Körpers sowie der Erzeugung von Energie. Der Zustand körperlicher Gesundheit kann nur aufrechterhalten werden, wenn Eiweiß, Fett, Kohlenhydrate, Mineralstoffe, Spurenelemente und Vitamine über die Nahrung zugeführt werden. Gemäß den verschiedensten Ernährungserhebungen in Österreich und in anderen vergleichbaren mitteleuropäischen Ländern ist bekannt, daß der heutige, durchschnittlich ernährte Mensch quantitativ, also mengenmäßig, keinen Mangel leidet. Die Probleme sind anders gelagert. *Man ißt durchwegs zuviel und meist das Falsche.* Übergewicht ist weit verbreitet. Trotzdem ist die Bedarfsdeckung an bestimmten notwendigen Wirkstoffen nicht immer gegeben.
Das *„Zuviel"* in der Ernährung entsteht durch eine übermäßige Aufnahme von Energie, Fett, Eiweiß, Zucker, Kochsalz und Alkohol.
Mangelerscheinungen treten hingegen bei Vitamin A und mehreren Vitaminen der B-Gruppe auf sowie bei Calcium (bei deutschen Schulkindern fehlen bis zu 40% der empfohlenen Menge!), bei Magnesium und bei Spurenelementen.
Die verschiedenen ernährungswissenschaftlichen Meinungen haben eines gemeinsam: Neben Getreideprodukten, Obst und Gemüse sind Milch und Milchprodukte äußerst wichtige Bestandteile einer ausgewogenen Ernährung. In diesem Zusammenhang darf nicht übersehen werden,
– daß *Milch* die ursprüngliche und daher bestangepaßte Nahrung für das Kalb (bzw. das Lamm oder Kitz) und erst in zweiter Linie für den Menschen ist;
– daß *Sauermilchprodukte und Käse* durch die Arbeit der Mikroorganismen „vorbereitet" sind und daher leichter verdaut werden als Süßmilch;
– daß *Milch* – obwohl flüssig – aufgrund ihrer Nährstoffdichte kein Getränk, sondern ein *Nahrungsmittel* ist und daher nicht als Durstlöscher in übergroßen Mengen getrunken werden soll.
Trotzdem kommt der Milch wegen ihrer einzigartigen Zusammensetzung und ausgewogenen Vielfalt eine so große Bedeutung in der Ernährung zu, daß der völlige Verzicht auf Milch und Milchprodukte auf die Dauer zu Mangelerscheinungen führen kann.

INHALTSSTOFFE DER MILCH

Milchfett

Allein das Wort „Fett" löst beim durchschnittlichen „Wohlstandseuropäer" eine fast hysterische Ablehnung aus. „In" ist momentan, was „light" ist, trotzdem soll es gut schmecken, und vor allem soll man weiterhin viel davon essen können. Die Milchindustrie hat auf diese Wünsche reagiert und produziert Magertopfen, Cottage Cheese, Joghurt mit einem Fettanteil von 1%, halbfetten Sauerrahm und sogar Milchersatz (Imitate und Surrogate).

Fette versorgen den Organismus langfristig mit Energie. Wertvolle, vor allem mehrfach ungesättigte Fettsäuren dienen als lebenswichtige Baustoffe. Viele Vitamine und Begleitstoffe sind fettlöslich und können nur mit Fetten und Ölen aus der Nahrung verdaut werden.

Milchfett ist zwar arm an mehrfach ungesättigten Fettsäuren, hat jedoch mit mehr als 60 verschiedenen Fettsäuren die vielfältigste Zusammensetzung aller natürlichen Fette und eine ausgezeichnete Verdaulichkeit.

Es liefert über die Kalorienversorgung hinaus wichtige Fettbegleitstoffe, wie z. B. fettlösliche Vitamine und Geschmacksstoffe. Bei schonender Verarbeitung liefert auch das gereifte Endprodukt noch die ganze Palette der oben erwähnten Begleitstoffe und darüber hinaus das geschmackliche „Erlebnis": es bleibt eine Tatsache, daß Geschmacksstoffe meist im Fett gelöst und magere Produkte daher „fad" sind ..., außer sie sind mit Fettersatzstoffen angereichert, der technische Fortschritt macht's heute möglich!

Cholesterine sind fettähnliche Substanzen, die in unterschiedlichen Mengen in tierischen Lebensmitteln enthalten sind, hauptsächlich jedoch vom Körper selbst aufgebaut werden. Sie sind für Haut, Gehirn, Nebennieren, Eierstöcke, Milz und Blut lebenswichtig. Derzeit wird empfohlen, täglich höchstens 500 mg Cholesterin (bei erhöhtem Cholesterinspiegel maximal 300 mg Cholesterin pro Tag) durch die Nahrung aufzunehmen. Oft jedoch sind Mengen von 600 bis 800 mg pro Tag üblich.

Diese überhöhte Aufnahme von Cholesterin steht in engem Zusammenhang mit Herz-Kreislauf-Erkrankungen. An erster Stelle ist jedoch ein zu hoher Fettkonsum die Ursache für ein hohes Herzinfarktrisiko. Nicht das generelle Verbannen von Butter und Schlagobers vom Speiseplan, sondern eine Umstellung der Ernährungsgewohnheiten auf ballaststoffreichere Nahrung (Vollkornprodukte, Obst, Gemüse), fettarme Zubereitung und ein spürbares Reduzieren des Fleisch- und Wurstverzehrs sind bei erhöhtem Cholesterinspiegel wesentlich. Auch fettreiche Milchprodukte sollten dann nur mit Maß gegessen werden.

Milcheiweiß

Viel spricht heutzutage für die Kombination von pflanzlichen Eiweißträgern (Getreide, Hülsenfrüchten) mit Milchprodukten.

Milcheiweiß enthält 7 der 8 lebenswichtigen Eiweißbausteine (Aminosäuren). Der achte Baustein wird von Getreide und anderen Lebensmitteln im Überschuß geliefert. Nur wenn alle 8 Eiweißbausteine im richtigen Verhältnis innerhalb einer Mahlzeit aufgenommen werden, kann der Körper daraus sein eigenes Körpereiweiß (z. B. Hormone, Muskelmasse) optimal aufbauen.

Die ovo-lacto-vegetabile Ernährungsform (nur pflanzliche Lebensmittel, Milchprodukte und Eier) hat auch einen ökologischen Vorteil gegenüber der „Fleischkost". Der Wiederkäuer ist in der Lage, pflanzliche Rohfaser zu hochwertigen Nahrungsmitteln

für den Menschen umzuwandeln. Milchtiere erreichen dabei einen doppelt bis dreifach so hohen Wirkungsgrad wie das Schwein, das Getreide und Mais nur zu „Schinken“ veredelt.
Das Eiweiß der Kuhmilch besteht zu ca. 80% aus Casein (Käserohstoff), der Rest ist sogenanntes Molkeneiweiß, es geht beim Käsen in die Molke ab. Bei der Herstellung von Sauermilchprodukten und beim Erhitzen wird das Eiweiß verändert und leichter verdaubar.

Milchzucker (Lactose)

Der Lactosegehalt der Kuhmilch beträgt rund 4,8 Prozent. Für die Milchsäurebakterien ist Lactose der Ausgangsstoff für die Verwandlung zu Milchsäure. Dieser Vorgang ist die Grundlage zur Entstehung der Sauermilchprodukte und ein wichtiger Schritt bei der Käseherstellung.
Im menschlichen Verdauungstrakt dient der Milchzucker zum Teil den Darmbakterien als Nahrung. Eiweißzersetzende Fäulniserreger werden so wirksam unterdrückt. Milchzucker wirkt leicht abführend und wird deshalb bei Verstopfung therapeutisch verwendet. Auch Molke ist hier einsetzbar, weil sie einen hohen Anteil an Lactose enthält.
Es gibt Erwachsene, die süße Milch nicht vertragen. Ihnen fehlt das Enzym Lactase, das den Milchzucker in seine Bestandteile Glucose (Traubenzucker) und Galactose spaltet. Somit kann Lactose nicht gespalten und in den Körper aufgenommen werden. Es kommt zu Völlegefühl und Durchfällen.
Da der Milchzucker bei der Fermentation in Milchsäure verwandelt wird, können viele dieser Menschen Sauermilch, Joghurt, Kefir und Buttermilch sehr wohl zu sich nehmen.

Milchsäure (Acidum lacticum)

Die Diskussion über die in sauren Milchprodukten enthaltenen Milchsäuren hat in letzter Zeit stark zugenommen. Ähnlich wie beim Thema Cholesterin fühlt sich jeder befähigt, über die Vor- und Nachteile von D- und L-Milchsäure aufzuklären. Milchsäure spielt im Stoffwechsel eine bedeutende Rolle. Zum Beispiel dient sie dem Herzmuskel als wesentliche Energiequelle. Auch für Leber, Nieren, Skelettmuskulatur und Gehirn ist Milchsäure wichtig.
Der Körper bildet selbst ausschließlich rechtsdrehende Milchsäure (L(+)-Form). Diese wird auch rasch und vollständig abgebaut.
Linksdrehende Milchsäure (D(–)-Form) wird beim Erwachsenen verzögert abgebaut; wahrscheinlich besitzt der Mensch kein eigenes Enzym zu ihrem Abbau. Beim Säugling fehlen die Reaktionsmechanismen dafür völlig. So sollte laut WHO (Weltgesund-

heitsorganisation) täglich nicht mehr als 100 mg pro kg Körpergewicht an D(–)-Milchsäure konsumiert werden. Das entspricht bei einer Annahme von 70 kg Körpergewicht einem Liter Joghurt. Bei Kleinkindern liegt die Grenze allerdings schon bei 20 mg linksdrehender Milchsäure pro kg Körpergewicht. Darauf sollte geachtet werden, ein Becher Joghurt ist hier bereits zuviel! Säuglingen unter einem Jahr soll man überhaupt keine tierische Milchsäure geben.

Ob und wieviel D(–)-Milchsäure in einem Milchprodukt gebildet wird, hängt vor allem von der zugesetzten Kultur ab.

Verhältnis der Milchsäuretypen	L(+) : D(–)
Joghurt	50 : 50
Sauermilch (Dickmilch), Buttermilch, Acidophilusmilch, Bifido-Joghurt, Kefir	90 : 10

Mineralstoffe

Mineralstoffe sind nicht nur Bestandteile von Knochen und Zähnen, sondern beeinflussen die physikalischen und chemischen Eigenschaften der Körperflüssigkeiten, sowie den Enzymhaushalt. Durch Schweiß und Harn können große Mengen an Mineralstoffen ausgeschieden werden, die durch Nahrung und Getränke nachgeliefert werden müssen.

Eine Unterversorgung an einzelnen Mineralstoffen ist bei unseren heutigen Ernährungsgewohnheiten leider gar nicht so selten! Calciummangel betrifft nicht nur Schwangere und stillende Mütter. Auch Kinder und Jugendliche leiden immer häufiger daran (Haltungsschäden, Zahnprobleme). Der Knochenaufbau erfolgt ca. bis zum 30. Lebensjahr, ab diesem Zeitpunkt wird der Knochen bestenfalls erhalten. Eine schlechte Calciumversorgung in der Kindheit und Jugend führt zu geringerer Knochendichte. Bei Frauen nach den Wechseljahren wird das knochenschützende Hormon Östrogen kaum mehr gebildet und Calcium wird verstärkt abgebaut. Das kann dann – auch bei oder in Kombination mit falscher Ernährung, Rauchen, wenig körperlicher Aktivität, ausgeprägtem Untergewicht, erblicher Belastung, Zuckerkrankheit und längerer Cortisontherapie – zu Osteoporose führen. Zur Vorbeugung einer Osteoporose werden eine ausreichende Calciumzufuhr und Vitamin D in genügenden Mengen empfohlen. In geringen Mengen liefern auch Brot, Gemüse, Fleisch und Obst Calcium.

Kuhmilch enthält 7,3 g Mineralstoffe im Liter, Ziegenmilch ist besonders reich an Kalium, Schafmilch an Calcium und Phosphor. Weiters sind Milch und Milchprodukte Quellen für Magnesium, Zink, Chrom und andere Spurenelemente.

Bedarfsdeckung durch Milch

Durch 1/2 l Kuhmilch werden bei einem erwachsenen Menschen an den täglich benötigten Mineralstoffen und Spurenelementen abgedeckt:

Calcium	75%	Kupfer	3%
Phosphor	60%	Eisen	2%
Kalium	40%	Molybdän	6%
Natrium	12%	Zink	15%
Chlorid	17%	Jod	25%
Magnesium	20%	Fluor	6%

Vitamine

B-Vitamine haben die verschiedensten Funktionen im Körper. Sie sind teils für den Kohlenhydratstoffwechsel (das ist die Zucker- und Stärkeverarbeitung im Körper), teils für den Eiweiß-Stoffwechsel wichtig. Konzentrationsschwäche, Müdigkeit etc. sind Zeichen eines Vitamin B-Mangels. Jugendliche und stillende Mütter benötigen einige B-Vitamine in höheren Mengen. Vegetarier nehmen oft nicht ausreichend hitzeempfindliches Vitamin B12 auf. Es ist nur in tierischen Lebensmitteln zu finden.
Milch und Käse enthalten wesentliche Mengen an Vitamin B2. Bei Kindern und Jugendlichen im deutschsprachigen Raum wurden Unterversorgungen von bis zu einem Drittel festgestellt (Konzentrationsschwäche).
Auch Vitamin B6, das bei Jugendlichen und im letzten Drittel der Schwangerschaft besonders benötigt wird, ist in Milch reichlich enthalten. Ähnliches gilt für Folsäure, wobei dieses Vitamin durch Erhitzung bis zu 90% zerstört werden kann. Pantothensäure ist vor allem in Käse enthalten.
Weiters liefert die Milch das für die Sehkraft der Augen wichtige Vitamin A und Vitamin D für die Haut.
Über den Vitamingehalt der unterschiedlichen Milcharten gibt die Tabelle auf Seite 23 Aufschluß.

MILCHARTEN – KUH, SCHAF, ZIEGE, STUTE

Aus Anatolien ist die Haltung von Ziegen und Schafen bereits für die Zeit um 8000 v. Chr. belegt. Im vorderen Orient wurden Kefir und Joghurt seit jeher aus Schafmilch hergestellt. Kuhmilch ist in der Verwendung als menschliche Nahrung erst seit etwa 3000 v. Chr. bekannt.
Vom hohen gesundheitlichen Wert der Schaf- und Ziegenmilch, neuerdings auch der Stutenmilch – im Vergleich zu Kuhmilch – ist immer wieder die Rede. Sogar die heute sehr moderne und vielgelesene heilige Hildegard von Bingen (11. Jhd.) macht auf Ziegenmilch aufmerksam.

Vergleich der Inhaltsstoffe von Kuh-, Schaf- und Ziegenmilch

Eine Gegenüberstellung der meßbaren Inhaltsstoffe der drei hauptsächlich verwendeten Milcharten zeigen die folgenden Tabellen:

(Quellen: Ziegenmilch: GALL, Schafmilch: STÜCKLER, MILLS.)

Zusammensetzung in %	Kuh	Schaf	%	Ziege	%	Stute
Trockenmasse	12,7	17,0 – 20,0		11,0 – 15,0		8,95
Wasser	87,3	80,0 – 83,0		85,0 – 89,0		91,05
Fett	4,0	5,5 – 8,0	5,7	3,5 – 4,6	3,7	0,9 – 1,25
Eiweiß	3,3	4,0 – 6,2	4,8	3,0 – 3,5		2,13
Lactose	4,8	4,3 – 5,3	4,8	4,0 – 4,9		6,26
Salze	0,75	0,8 – 0,9	0,9	0,7 – 0,85		0,38

Mineralstoffe in mg/l	Kuh	Schaf	%	Ziege	Stute
Kalium	1440	550 – 1300	1180	1650 – 2280	–
Calcium	1180	1250 – 2200	1700	1140 – 1630	1300 – 5000
Phosphor	930	1166 – 1320		840 – 1220	30 – 850
Natrium	500	370 – 590	400	340 – 520	–
Magnesium	130	110 – 230	155	130 – 160	4 – 140
Chlorid	1100	710 – 920	760	1050 – 2590	44

Energiegehalt und pH-Wert	Kuh	Schaf	Ziege
kJ/100 g Milch	273	426	296
Kcal	65	101	70
pH-Wert	6,6 – 6,7	6,65	6,3 – 7,0

Vitamine	Kuh	Schaf	Ziege
B1 mg/100 g	0,04	0,08	0,04
B2 mg/100 g	0,16	0,3	0,15
B6 mg/100 g	0,05	0,07	0,017
B12 g/100 g	0,4	0,6	0,0001
Folsäure g/100 g	6,0	5,4	1,03
Pantothensäure mg/100 g	0,3	0,4	0,3

Der Gehalt an Orotsäure, die einen vitaminähnlichen Charakter hat, ist in Schafmilch 3–4mal so hoch wie in Kuhmilch. Die Werte schwanken von Tier zu Tier.

Käseausbeute

Die Käseausbeute, das heißt, wieviel Liter Milch benötigt werden, um 1 kg fertigen Käse zu erhalten, variiert bei gleicher Technologie mit der verwendeten Milchart und ist vor allem vom enthaltenen Eiweiß abhängig. So braucht man für 1 kg Frischkäse im Jahresdurchschnitt rund 6 Liter Kuh- und ungefähr die gleiche Menge Ziegenmilch, jedoch nur etwa 2,5 bis 3 Liter Schafmilch. Bei Schnitt- und Hartkäse liegen die Verhältnisse ähnlich. Der Molkeanfall ist bei der Schafmilch dementsprechend am geringsten.

Besonderheiten der verschiedenen Milcharten

a) Ziegenmilch

Die für uns auffallendsten Unterschiede zur Kuhmilch bestehen bei der Verarbeitung von Ziegenmilch: Sie weist Besonderheiten in der Eiweißzusammensetzung auf, das bedeutet, daß der Bruch bei der Käseherstellung weicher ist. Erzeugt man Joghurt aus roher Ziegenmilch, so wird man die erwartete Konsistenz („Stichfestigkeit") vermissen: Ziegenjoghurt ist fast flüssig.

Auch das Fett der Ziegenmilch hat besondere Eigenschaften. Es fehlt ihm die Tendenz zum Zusammenfließen der Fettkügelchen, die außerdem kleiner und feiner in der Milch verteilt sind. Daher rahmt Ziegenmilch nicht auf. Will man dennoch Ziegenbutter herstellen, so ist dies nur mit Hilfe einer Rahmzentrifuge möglich.

Ziegenbutter dient als Grundlage zur Salbenherstellung. Ihre Farbe ist deshalb so weiß, weil das Fett im Gegensatz zu dem der Kuhmilch kein Carotin (Vorstufe des Vitamin A), sondern bereits das Vitamin A enthält. Sie hat mehr Vitamin A als Kuhmilch, jedoch weniger Eisen, Kupfer und Folsäure.

b) Schafmilch

Wegen ihres hervorragenden – im Gegensatz zu Ziegenmilch – neutralen Geschmacks und ihrer guten Verdaulichkeit, ist Schafmilch besonders beliebt.

Bei „Schafkäse" aus gemischter Milch (Schaf- und Kuhmilch oder Schaf- und Ziegenmilch) muß beim Verkauf das entsprechende Verhältnis angegeben werden.

Die Fett-Kügelchen sind in der Milch sehr fein verteilt und das vollständige Aufrahmen dauert daher etwa 36 Stunden. Das Fett der Schafmilch ist sehr gut verdaulich.

Ganz allgemein schreibt man Schafmilch einen gewissen Gesundheitsfaktor zu. Dies besonders auch wegen des hohen Gehalts an Orotsäure. Diese ist allerdings wissenschaftlich noch nicht zur Gänze untersucht. Es ist aber bekannt, daß Schafmilch für den Leberstoffwechsel und die Magnesiumversorgung von Bedeutung ist. Frische Schafmilch wird bereits von vielen Ärzten Kindern, die eine Kuhmilchallergie haben, oder Neurodermitispatienten, schwachen Essern und älteren Menschen als Nahrung empfohlen. Sie wird auch als Regenerationsnahrung nach Krankheiten eingesetzt. Man weiß, daß Schafhirten-Völker in vielen Regionen der Welt eine überdurchschnittlich hohe Lebenserwartung haben.

Orotsäureanteil	Kuh	Ziege	Schaf
in 100 g Milch	10 mg	6 mg	45 mg

Schafmilch ist gegenüber Erhitzung weniger stabil als Kuhmilch. Man merkt das, wenn man Schafmilch über 50 Grad erwärmt: Ein Teil des Eiweißes flockt bereits aus (koaguliert) und wird in Form von Flankerln sichtbar. Verdünnt man die Milch mit 10–20% Wasser, kann man sie schonender erhitzen.

Sie reagiert auch sehr empfindlich auf den Labzusatz. Man nimmt daher bei der Verarbeitung eine etwas geringere Labmenge als bei Kuhmilch:

Faustregel

1 Tropfen/l für Hartkäse
3 Tropfen/l für Frisch- und Weichkäse,
5–6 Tropfen/l für Erlauftaler, Gupf, etc.

15–20 Tropfen sind mit einem ml gleichzusetzen.

Aufgrund des hohen Fettanteils muß der Bruch beim Verkäsen noch schonender bearbeitet werden, als man es von Kuhmilch gewohnt ist, weil sonst große Verluste in die Molke gehen. Die Ausbeute liegt bei optimalem Verkäsen bei Frischkäse bei 30%, bei Weichkäse zwischen 18 und 27% und bei Hartkäse bei 10%.

Schafbutter ist weiß und cremig weich mit einem feinen Mandelgeschmack.

Gegen Ende der Laktationsperiode ist die Schafmilch besonders fettreich. Zum Verkäsen kann sie daher etwas abgerahmt werden. Bei Weich- und Hartkäse wird aus käsereitechnischen Gründen bis zu 30% Wasser zugefügt, das mit der Molke wieder abrinnt.

c) Stutenmilch

Sie wird als „Kurnahrung" verwendet. Für die Käseerzeugung ist sie aufgrund ihres niedrigen Trockenmassegehaltes selbstverständlich nicht geeignet.

Wasser	91,05%
Trockenmasse	8,95%
Fett	0,9–1,25%
Ges. Eiweiß	2,13%
Albumin u. Globulin	0,74%
Casein	1,40%
Lactose	6,26%
Asche	0,38%
Calcium	0,13–0,5%
Magnesium	0,0004–0,014%
Phosphor	0,003–0,085%
Chlor	0,044%
Eisen	5,3–14,4 ppm

Kobalt, Kupfer und Vitamin C sind in Spuren vorhanden. Außerdem enthält Stutenmilch Citronensäure und Vitamin B12 sowie die Vitamine A, E, B1, B2, B6.
Stutenmilch wird auf mehreren dafür spezialisierten Bauernhöfen äußerst arbeitsaufwendig gewonnen. Sie wird nach dem Melken sofort tiefgefroren und muß vor dem Genuß schonend aufgetaut werden. Der Transport zum Konsumenten erfolgt oft per Bahn. Der Geschmack dieser dünnflüssigen, fettarmen Albumin-Globulinmilch ist etwas wässerig, aber angenehm nußartig. Stutenmilch enthält geringe Mengen hochungesättigter Fettsäuren und das Bifidobakterium.

MILCH FÜR DIE KÄSEERZEUGUNG

Käsereitauglichkeit

Der Wert der Milch als Rohstoff zur Käserei hängt von drei Faktoren ab, nämlich
- von ihrem *Gehalt an wertbestimmenden Inhaltsstoffen*
- von den *besonderen Eigenschaften der Milch,* die einen Einfluß auf ihre Eignung zu Käseherstellung besitzen – zusammengefaßt unter dem Begriff *„Käsereitauglichkeit"*
- von ihren *hygienischen Eigenschaften*

Rohmilchqualität

wertbestimmende Inhaltsstoffe	Käsereitauglichkeit, technologische Eignung	hygienische Eigenschaften
Fett Eiweiß Milchzucker Vitamine Mineralstoffe	Keimzahl Zellgehalt Labfähigkeit Säuerungsaktivität Geruch/Geschmack	Krankheitserreger unerwünschte Bakterien
	Fremdstoffe: Schmutz Medikamente Desinfektionsmittel Pestizide Umweltchemikalien	 Schmutz Radioaktivität

Grundsätzlich kann jede Art von Milch (Schaf, Ziege, Kuh, Büffel) zu Sauermilch, Joghurt oder Käse verarbeitet werden, ebenso Mischungen aus zwei Milcharten. Der Trend geht aber dahin, gerade geschmackliche Eigenheiten gezielt auszubauen, man denke an die feinen Ziegenkäse-Kreationen aus Frankreich und die edlen, individuellen österreichischen Ziegen- oder Schaf-Frischkäse.

Im folgenden ist, sofern nicht extra angegeben, von Kuhmilch die Rede. Die spezifischen Eigenheiten der anderen Milcharten wurden bereits behandelt oder finden bei den entsprechenden Rezepten Erwähnung.

An wertbestimmenden Bestandteilen enthält Milch etwa 4% Fett, 3,5% Eiweiß und 4,8% Lactose. Diese Zahlen sind Durchschnittswerte, die beim Einzeltier im Verlauf der Laktation bekanntlich stark variieren. Folgende Umstände haben in unterschiedlichem

Maß darauf Einfluß: *Rasse, Einzeltier, Alter, Laktationsstadium, Gesundheitszustand, Fütterung und Haltung.*

Für einen Molkereigroßbetrieb mit einer täglichen Milchanlieferung von mehreren 1000 kg bedeutet das kaum Probleme: In den Tanks mischt sich die Milch aus den verschiedenen Ställen, und hervorstechende Merkmale werden stark verdünnt. Für den bäuerlichen Milchverarbeiter können diese Tatsachen jedoch sehr wohl entscheidend sein. Ein einziges krankes Euterviertel eines seiner Milchtiere ist unter Umständen in der Lage, die Käseproduktion eines Tages, einer Woche ungenießbar zu machen. Schwankungen in der Fütterung oder gar plötzliche Futterumstellungen kommen im abweichenden Geschmack des Käses zum Vorschein. Und nicht zuletzt variiert die Käseausbeute enorm, wenn sich – wie bei den meistens saisonal veranlagten Milchschafen und -ziegen – ein Großteil der Herde im Herbst am Ende der Laktation befindet.

Kolostral- oder Biestmilch gehört ganz dem Jungtier und soll keinesfalls zur Käseherstellung verwendet werden. Unter Umständen kann es mit der Milch altmelkender Tiere zu Problemen kommen, bedingt durch die erhöhte Ausscheidung von „Zellen" (Leukozyten).

Pasteurisieren – ja oder nein?

Ob Käse besser aus Rohmilch oder aus pasteurisierter Milch gemacht werden soll, darüber streiten sich seit jeher Lebensmittelfachleute, Käsefeinschmecker und Gourmets. Sollte man den Fachleuten Glauben schenken, so schweben Rohmilchgenießer ständig in akuter Lebensgefahr. Feinschmecker hingegen schwören auf Käse aus nichtpasteurisierter Rohmilch, denn sie lieben den Geschmack, der sich nur aus der Vielfalt an natürlichen Säurebakterien ergibt.

Die Einführung der Pasteurisierung von Trinkmilch war und ist bei Krankheitsgefahr (Tbc, Salmonella, Campylobacter, Brucellose) ohne Zweifel sinnvoll und absolut notwendig. Generell ist für das Verarbeiten von Milch in größeren Mengen und die Versorgung weiterer Gebiete das Pasteurisieren die einzige Alternative. Kritik ist aber angebracht, wenn Milch doppelt und dreifach pasteurisiert wird, oder wenn sich H-Milch – sie ist wesentlich länger und kostengünstiger zu lagern – durchsetzt und durch niedrigere Verkaufspreise zur Konkurrenz für Frischmilch wird.

Die Vitamine A, D und E werden durch eine einfache Pasteurisierung kaum verändert, wohl jedoch die Vitamine B12, C und die Folsäure. Der Mineralstoffgehalt bleibt im großen und ganzen gleich.

„Pasteurisieren" ist aber nicht immer gleich pasteurisieren. Die Milchwirtschaft bezeichnet als Rohmilch jene Milch, die nicht über 40 Grad Celsius erwärmt wurde. Thermisierte Milch ist jene, die zur Keimreduzierung mindestens 15 Sekunden auf 55 bis 68 Grad erwärmt wurde. Die klassische Pasteurisierung erfolgt zwischen 72 und 74 Grad und bei einer Heißhaltezeit von 15 Sekunden; danach wird sofort abgekühlt.

Ultrahoch erhitzen bedeutet hingegen, daß mit Hilfe von Dampf die Milch auf über 100 Grad erhitzt wird. Das ergibt H-Milch (140 Grad) und die unterschiedlichen Kondensmilcharten.

Für die Käseerzeugung ist es keineswegs egal, ob der Ausgangsstoff rohe oder pasteurisierte Milch ist. Grundsätzlich ist beides möglich. Allerdings muß beachtet werden, daß

1. durch das Erhitzen auch die in der Rohmilch enthaltenen, erwünschten Milchsäurebakterien abgetötet werden, die für die Käserei unumgänglich wichtig sind. Die Zugabe von Säureweckerkultur ist folglich zwingend notwendig.
2. sich das Eiweiß verändert und ein Teil des Calciums festgelegt wird, so daß die Milch durch den Zusatz von Lab nicht mehr ohne weiteres gerinnt. Man kann dem abhelfen, indem man dementsprechend mehr Lab dazugibt. Darunter leiden aber Geschmack und Konsistenz. In Molkereien wählt man den Weg des „Käsereihilfsstoffes" Calciumchlorid ($CaCl_2$) in einer Menge von 5 bis 10 g pro 100 Liter Milch, womit das festgelegte Calcium ersetzt und die Labgerinnungsfähigkeit der Milch wieder voll hergestellt ist.

Die Vorteile pasteurisierter Milch sind:

- *Größere „Sicherheit"*. Bei Kefir, Joghurt, Sauer- oder Buttermilch entfalten sich nur die zugesetzten erwünschten Bakterien, weil sie durch keine anderen Keime gestört werden.
- *Das Endprodukt ist einheitlicher und*
- da *ein Großteil* der möglicherweise enthaltenen krankmachenden (pathogenen) *Keime* durch die Erhitzung *abgetötet* werden, ist das Risiko für den Verbraucher geringer.

Zu Hause wird am besten durch Dauererhitzung (65 Grad für die Dauer von mindestens 30 Minuten) oder durch Erhitzung auf 74 bis 72 Grad mit einer Heißhaltezeit von 20 Sekunden pasteurisiert. Ideal ist die Erhitzung im Wasserbad, da sonst die Gefahr des Anbrennens der Milch besteht. Nach Ablauf der Heißhaltezeit muß die Milch möglichst sofort abgekühlt werden. Es gibt Pasteurisierkessel für die bäuerliche Käserei, die ein genaues Pasteurisieren garantieren.

Die Vorteile der Rohmilch liegen neben der Naturbelassenheit in einem unumstritten besseren und reichhaltigeren Aroma des Käses. So wird Emmentaler fast immer aus Rohmilch hergestellt. Mit roher Milch werden Geschmacksrichtungen erzielt, die man im „Industriekäse" oft vergeblich sucht.

Daneben zählt für den bäuerlichen *Selbstversorger* die einfachere und sparsamere Verarbeitung (kein umständliches Erhitzen und Wiederabkühlen) zu den Vorteilen..

Unbedingte Voraussetzung für die Verarbeitung und den Genuß roher Milch ist allerdings die Gesundheit der Tiere und ein ausreichendes Maß an Hygiene.

Wer also Milchprodukte vorwiegend zum eigenen Verbrauch herstellen möchte, wird sich normalerweise für Rohmilch entscheiden. Treten allerdings Krankheiten im Stall

auf oder passieren wiederholt Fehlgärungen oder Blähungen im Käse, so ist ein Pasteurisieren unbedingt notwendig.
Für Großbetriebe, die Milch hunderter Lieferanten verarbeiten und ganze Städte mit Trinkmilch und Milchprodukten versorgen, ist es absolut notwendig, diese zu pasteurisieren. Durch genaue (computergesteuerte) Temperaturführung und sofortige Abkühlung geschieht dies äußerst schonend.

Abkochen

Das Abkochen der Milch ist heute leider vor allem in bäuerlichen Kreisen oft noch üblich. Dies ist genauso abzulehnen wie die übertriebene Angst vor der molkereimäßigen Bearbeitung. Das Abkochen entspricht eher dem Sterilisieren als dem Pasteurisieren mit den Folgen der Geschmacksveränderung und teilweisen Zerstörung lebenswichtiger Vitamine.
Ein anschaulicher Vergleich, gefunden im Buch von KLUPSCH, möge dies erklären: Setzt man den Wärmebelastungsfaktor der Rohmilch gleich 0, dann ergibt sich für einfaches Pasteurisieren 1, für H-Milch 100 bis 500, für das häusliche „Abkochen" aber der Faktor 5000! In diesem Fall ist es also wirklich gesünder, gleich „Packlmilch" zu kaufen.

Zusammenfassend kann gesagt werden: Wer Gesundheit im Stall hat, sich um Hygiene bemüht und die entsprechenden Vorschriften einhält, kann und soll die Vorteile der Rohmilch, bzw. der Produkte auf Rohmilchbasis nützen. Sollten sich Probleme einstellen, müssen die Reinlichkeit, die Gesundheit der Tiere und vieles andere überprüft und verbessert werden. In diesem Fall wird die Milch schonend zu pasteurisieren oder zu thermisieren sein.

Homogenisieren

Nach dem Pasteurisieren werden die Fettkügelchen durch hohen Druck zerschlagen, so daß die Tendenz zur Aufrahmung weitgehend unterbleibt. Die kleinen Fetteilchen sind anfälliger für fettspaltende Keime und werden rascher (möglicherweise zu rasch) ins Blut aufgenommen. Diesbezügliche vergleichende Untersuchungsergebnisse wären interessant.

Labfähigkeit

Das Prinzip des Käsens besteht darin, das in der Milch enthaltene Eiweiß (Casein) zum Ausfällen zu bringen. Das erreicht man normalerweise durch Zugabe von Lab, einem Enzym aus dem Kälbermagen.

Gute Labfähigkeit heißt: Die Milch bildet nach dem Zusatz des Enzyms innerhalb einer bestimmten Zeit eine mehr oder weniger feste Gallerte (Bruch). Bei ungenügender Labfähigkeit wird der Bruch zu weich. Es entsteht mehr Käsestaub, die Molke rinnt schlechter ab. Qualität und Ausbeute werden beeinträchtigt.

Faktoren, die die Labfähigkeit beeinflussen:

– *pH-Wert*
Bei euterkranken oder altmelkenden Tieren kann es aufgrund des erhöhten pH-Wertes (über 6,7) zu Problemen kommen
– *Kühlung*
Wer Rohmilch verkäst, soll die Milch nicht längere Zeit unter +10 Grad abkühlen. Vieles spricht also für die tägliche Verkäsung sofort nach dem Melken.
– *Mechanische Belastung*
Zu starke mechanische Belastung schadet der Milch: Es entsteht freies Fett, das sogar ausbuttern kann und von fettspaltenden Enzymen angegriffen (ranzig) wird. Mögliche Ursachen können sein: Schlecht eingestellte Melkmaschinen, Rührwerke bei der Kühlung, zu lange Transportwege.
– *Calcium*
Normale Kuhmilch enthält unabhängig von der Fütterung 1,2 g Calcium pro Liter. Bei Pasteurisierung legt sich ein Teil des Calciums fest und steht somit nicht mehr für die Dicklegung der Milch zur Verfügung.

Keimgehalt

Milch kommt nahezu keimfrei aus dem Euter.
Woher kommen dann die für den Laien unvorstellbaren Keimzahlen von bis zu einigen Millionen Keimen pro ml?

Keimeintrag durch	Vermehrung des Keimgehaltes um
Passage durch Strichkanal	100 – 1.000 Keime/ml
schlechte Luftverhältnisse im Stall	100 – 1.500 Keime/ml
verschmutzte Euter	500 – 15.000 Keime/ml
Euterkrankheiten	300 – 25.000 Keime/ml
schlechte Reinigung und Desinfektion der Melkgeräte	bis zu 500.000 Keime/ml

Von Bedeutung ist nicht nur die Menge (Anzahl) – gute Rohmilch enthält ca. 50.000 bis 100.000 Keime/ml – sondern vor allem die Art der Bakterien.

a) Säurebildner

Darunter versteht man die sogenannten Milchsäurebakterien (die in der Luft und auch an der Euteroberfläche sind), die durchaus erwünscht sein können. Sie setzen den Milchzucker in Milchsäure um, sind also verantwortlich für die Säuerung der Milch. Wenn sie dominieren und man die Milch bei für diese Bakterien optimalen Temperaturen (25–30° C) stehen läßt, so entsteht saure, geronnene Milch. In der Praxis wird man diesen Vorgang durch Säureweckerzusatz (1–3% fertige Sauer- oder Buttermilch) unterstützen.

b) Coliforme Keime

Coliforme sind Blähungserreger aus Kotverschmutzungen (tierischer oder menschlicher Herkunft), die in kleinen Mengen nahezu unvermeidlich in die Milch gelangen. Sie zählen zu den unerwünschten Keimen, da sie
- Kotverschmutzungen anzeigen,
- im Käse zu Fehlgärungen führen können (löchrig, blasig, verdorbener Geschmack),
- unter Umständen krankheitserregend sind (Erbrechen, Durchfälle, vor allem bei Kleinkindern).

Coliforme – Keimzahlen von einigen 100–1.000 in einem ml Milch können sich in der Reifungszeit des Käses bis zu mehreren Millionen pro Gramm vermehren.

c) Staphylokokken

Staphyle ist griechisch und bedeutet Weintraube. Die Staphylokokken sind kugelförmige Bakterien, die im Mikroskop als traubenförmige Haufen zu sehen sind – daher ihr Name. Sie sind unerwünscht, da sie ein Gift bilden, das innerhalb weniger Stunden Erbrechen und Durchfälle auslöst, die allerdings meist rasch wieder abklingen. Ihr Vorkommen in der Milch hat vor allem 2 Ursachen:

a) Euterkrankheiten (Mastitis): Heutzutage werden bei Kühen 98% der Euterentzündungen durch Staphylokokken hervorgerufen, bei Schafen und Ziegen wird es nicht viel anders sein.

b) Übertragung durch den Menschen durch eitrige Verletzungen an den Händen und im Gesicht.

Ein euterkrankes Tier kann unter Umständen genügen, um Mengen von mehreren 1000 Staphylokokken in ein Gramm Käse zu bringen. Der Genuß solchen Käses ist daher eine zweifelhafte Angelegenheit.

d) Buttersäurebakterien (Clostridien)

Diese Keime kommen vor allem über Gärfutter (schlecht gesäuerte Silage) und zuckerhältige Futtermittel in die Milch.

Im Käse führen sie zu Fehlgärungen (Spätblähung) und einem süßlich-ranzigen Geschmack. Für die Frischkäseherstellung ist dies von sehr untergeordneter Bedeutung. Wer aber Hartkäse machen möchte, sollte auf Silofütterung verzichten. Hier schafft auch das Pasteurisieren keine Abhilfe: Die Bakterien bilden Sporen, welche die Erhitzung überleben. Eine solche Spore kann genügen, um ganze Käselaibe zum Zerreißen zu bringen. In Schnittkäsereien wird deshalb Kaliumnitrat oder Natriumnitrat (bis 20 g/100 l Milch) zugesetzt. In der bäuerlichen Käserei ist dieser Zusatz meist nicht notwendig.

HYGIENISCHE EIGENSCHAFTEN DER MILCH

Eutergesundheit – Zellzahl

Gesunde Milch kann nur von gesunden Tieren stammen. Ein „Maß" für diese ist die sogenannte Zellzahl.
Die Milchbildung geschieht in der Drüsenmasse des Euters. Die milchsammelnden und milchableitenden Gänge sind mit Zellen ausgekleidet, die nach und nach verbraucht und wie Hautschuppen abgestoßen werden. So gelangen sie natürlicherweise in die Milch.
Daneben finden wir dort aber auch andere Zellen: krankmachende Keime wandern in das Euter und verursachen eine (nicht immer sichtbare) Entzündung. Der Körper reagiert mit einer vermehrten Abgabe von weißen Blutkörperchen („Gesundheitspolizei"), die die Keime umschließen und unschädlich machen. Auch diese werden durch die Milch ausgeschieden. In gesunder Milch sind vom Zellgehalt 60% Hautzellen und 40% weiße Blutkörperchen. Im Fall von Euterkrankheiten ändert sich dieses Verhältnis auf bis zu 20% zu 80%!

Für den Käse bedeutet dies eine Veränderung der Milchinhaltsstoffe: weniger Casein, weniger Milchzucker, mehr Natrium und Chlorid, weniger Calcium und Phosphor sowie eine *schlechtere Käsereitauglichkeit*, da die Labfähigkeit leidet.

Abgesehen von der geringeren Ausbeute und von den Fehlproduktionen kann in diesem Fall wohl nicht mehr von „gesundem Käse" gesprochen werden.

Die besten „Gegenmaßnahmen" liegen in der Vorbeugung:
Optimale Stallverhältnisse (Platz! Einstreu!), Vermeiden von Streß, richtiges Melken (unbedingt vormelken!), Euterkontrolle und -pflege, Melkhygiene, kranke Tiere frühzeitig absondern, eventuell ausmerzen, Vermeiden von Fütterungsfehlern (Eiweißüberschuß, Energiemangel, Rohfasermangel, schlechte Mineralstoffversorgung) und genügend Auslauf.

Ist eine Euterkrankheit erkennbar, so muß die Milch sofort von der übrigen getrennt werden. Als Früherkennung ist neben einer genauen Beobachtung der Tiere der Schalmtest (oder eine ähnliche Methode wie eimü-Test oder Indikatorpapier) zu empfehlen.

Wer Milch an die Molkerei abliefert, hat den Vorteil einer regelmäßigen Keim- und Zellzahlkontrolle. Der Selbstverarbeiter muß mit eigener Anstrengung auf höchste Qualität achten.

Zu den hygienischen Eigenschaften gehört absolute Sauberkeit. Rückstände von Tierarzneimitteln, Reinigungs- und Desinfektionsmitteln dürfen keinesfalls auftreten. Vorsicht mit Antibiotika-Sprays zur Klauenbehandlung!

Mitdenken ist auch geboten, wenn der Tierarzt Antibiotika verabreicht. Werden die vorgeschriebenen Fristen ungenau eingehalten oder Medikamentenreste über das Milchgeschirr verschleppt, so ist die Milch für die Weiterverarbeitung unbrauchbar.

Biologisch wirtschaftende Bauern nehmen beim Medikamenteneinsatz doppelte Wartezeiten auf sich. Das sollte auch für die bäuerliche Käserei die Regel sein.

HYGIENE

Die Bedeutung der Hygiene für die Gewinnung und Verarbeitung von Milch ist groß. Es handelt sich um eine wesentliche Grundvoraussetzung für die Käserei.

Hygiene im Stall

Die Gewinnung sauberer Milch beginnt bei Tieren, die sich in ihrer Umgebung möglichst wohl fühlen. Das bedeutet
- ausreichende Platzverhältnisse
- keinen Streß am Futtertrog (Laufstall!)
- gut gelüftete, zugfreie, helle Ställe
- ausreichende Einstreu
- täglicher Auslauf, auch im Winter
- euterkranke Schafe und Ziegen, bzw. Kühe im Laufstall sofort absondern,
- Streu täglich entfernen und großzügig einstreuen.

Optimale Stallverhältnisse verhindern auch den bei Ziegen so gefürchteten „Bockgeruch“ in der Milch. Der Bock sollte getrennt von der Herde gehalten werden.

Hygiene beim Melken

Euterhygiene

Die Fragen der Euterreinigung und -desinfektion sind längst noch nicht alle gelöst. Zitzentauchen – ja oder nein? Chemische Reinigungsmittel? Waschen des Euters oder nicht? Dazu einige allgemeine Grundsätze:

1. *Keine Gemeinschaftsfetzen zum Reinigen* verwenden. Die Keime werden von einem Tier aufs andere übertragen, auch wenn der Fetzen täglich ausgekocht wird. Einwegpapier sollte auch für den Selbstversorger die Regel werden.
2. *Euter nur waschen, wenn* dies als nötig empfunden wird. In diesem Fall muß gut abgetrocknet werden, da sich sonst Schmutzreste verschmieren und in die Milch gelangen.
3. *Unbedingt vormelken!* Die ersten keimreichen Strahlen nicht in die Streu, sondern in einen extra Becher melken. Ideal ist eine Schale mit schwarzer Abdeckplatte, auf die der erste Strahl gemolken wird. Schlieren (Euterentzündung) werden erkannt, bevor die Milch mit der restlichen vermischt ist.
4. *Gut ausmelken,* aber Blindmelken mit der Maschine vermeiden.
5. Nach dem Melken *keine Milchtropfen an der Zitze belassen.* Besteht die Gefahr von Euterentzündungen, wird der Strichkanal mit einer euterpflegenden Salbe „zugepfropft“.
6. *Vor dem Melken müssen die Hände gut gereinigt werden!* Mit Heißwasser und Seife wird

bis zu den halben Unterarmen gewaschen. Unter kurz geschnittenen Fingernägeln können sich weniger Schmutz und Bakterien ansiedeln. Hautrisse und kleine eiternde Wunden sind meistens unvermeidlich, doch sollte mit solchen Verletzungen weder gemolken, noch die Milch verarbeitet werden, da dadurch Staphylokokken, also Eitererreger, in das Produkt gelangen! Sollte es dennoch notwendig sein, müssen dünne Gummihandschuhe getragen werden.

Wo es nicht unbedingt nötig ist, sollte – bei Einhaltung dieser Maßnahmen – auf chemische Reinigungs- und Desinfektionsmittel verzichtet werden, da sie

- auch die eutereigene Abwehrflora abtöten
- in die Milch gelangen können
- bei Bakterien langfristig zu einer Resistenz gegen das Mittel führen können.

Sollte ein Zitzentauchen (Dippen) doch günstig erscheinen, so ist Jod dem Chlor vorzuziehen.

Nach dem Melken wird die Milch sofort aus dem Stall entfernt, da sie durch ihren Fettanteil Gerüche leicht annimmt. Sie wird gleich gefiltert.

Melkstand

Wo immer es möglich ist, sollte zum Melken ein eigener Melkstand verwendet werden – und mit etwas Phantasie und gutem Willen wird es fast immer möglich sein. Die Tiere gewöhnen sich rasch daran und können individuell kontrolliert werden. (Auch während der Trockenstehzeit ist es daher günstig, jedes Tier täglich über den Melkstand zu treiben.) Kraftfutter kann – falls es im Melkstand gegeben wird – genau zugeteilt werden. Schließlich ist die Gefahr einer Verschmutzung der Milch auf alle Fälle geringer.

Lagern der Milch

Wer die Milch nicht melkwarm verkäst, muß sich einen geeigneten Ort zum Lagern suchen. Wichtig ist ein rasches Herunterkühlen der Milch, da sich die Keime nach einer anfänglich stabilen Phase (ca. eine halbe Stunde wirkt das *natürliche, keimhemmende System der Milch)* rasch vermehren. Die ideale Temperatur hängt von der Art der Weiterverwendung ab. Trinkmilch sollte möglichst bei +4 Grad (Kühlschranktemperatur) gelagert werden. Für die Schnitt- und Hartkäserei dürfen allerdings +10 Grad nicht unterschritten werden. Im allgemeinen wird man auch im Sommer mit einer Wasserkühlung auskommen, sofern selber verarbeitet wird.

Die Meinung, daß sich Bakterien und Hefen im Kühlschrank nicht vermehren, ist selbstverständlich falsch. Im Gegenteil! *Durch die Lagerung bei tiefen Temperaturen selektiert man auf jene Keime, die auch diese noch aushalten.* Das sind leider nicht die begehrten

Milchsäurebakterien, sondern Eiweiß- und Fettspalter, die die Milch ranzig und faulig statt sauer werden lassen.

Wer Milch oder Rahm von mehreren Melkzeiten sammelt, muß das in getrennten Gefäßen tun. Wird pasteurisiert, so soll das unmittelbar nach dem Melken geschehen. Anschließend wird gleich heruntergekühlt.

Wird sofort verkäst, so ist folgender Arbeitsablauf praktisch und empfehlenswert:

In die noch melkwarme Milch wird ca. 1–2% Säurewecker – in Form von einwandfreier Sauer- oder Dickmilch, Buttermilch oder Spezialkultur aus dem Labor – gegeben. Damit wird das Durchsetzungsvermögen der Milchsäurebakterien gestärkt, Coliforme und Staphylokokken werden im Wachstum unterdrückt. Nach 1/2 Stunde bis zwei Stunden – je nach Rezept und erwünschtem Säuregrad – kann die Milch weiterverarbeitet werden.

In welchen Gefäßen soll man Milch aufbewahren?

Am besten, wenn auch am teuersten, ist Edelstahl. Glasierte Tongefäße sind ebenfalls gut. Bei Unebenheiten und Glasursprüngen setzen sich allerdings Bakterien gerne fest. Das erfordert ein sehr genaues Reinigen! Kunststoffgefäße sind geeignet, wenn sie aus „*milchechtem*" Kunststoff sind.

Milch sollte beim Lagern abgedeckt werden, allerdings nicht dicht, da sie die Möglichkeit zum Auslüften haben muß.

Auf Almsennereien wird die Abendmilch in weiten, flachen Schüsseln (Satten oder Bütten) bei +12 bis +14 Grad aufgestellt, was eine Reifung bewirkt. Man erkannte früh die bakterienhemmende Wirkung frischer Milch. In der Früh wurde diese gereifte Milch mit der frischermolkenen gemischt und anschließend verkäst.

Reinigung der Gefäße

Milchauffangende Gefäße (sowie sämtliches Käsereigeschirr) werden sofort nach der Verwendung *mit kaltem Wasser vorgespült* (um ein Anlegen des Eiweißes zu verhindern) und dann mit möglichst heißem Wasser (80 Grad) gut gewaschen. Unterstützt man die Wirkung der Hitze durch mechanische Reinigung (Bürsten), so kann man – vorausgesetzt, es handelt sich um glatte Oberflächen – auf chemische Reinigungsmittel weitgehend verzichten. Gelegentlich ist ein Reinigen mit heißer Sodalösung empfehlenswert.

Kleingerät (Pipetten, Löffel, Messer, Harfen, Käsetücher, Käseformen,...) sollten zusätzlich *vor der Verwendung in kochendes Wasser getaucht* werden. Wo immer möglich, hat sich bei großen Geräten die *Hochdruckreinigung* als äußerst günstig erwiesen. Die Geräte sollten an der Luft, Bürsten und Holzgerät möglichst *an der Sonne trocknen.* Ge-

brauchte Geschirrtücher, Wettex etc., sind eine gute Brutstätte für Bakterien und sollen nicht zum Austrocknen der Formen verwendet werden.
Wo *chemische Reinigungsmittel* zum Einsatz kommen, muß gründlich nachgespült werden. Rückstände verhindern die Entwicklung der Milchsäurebakterien und machen jegliche Weiterverarbeitung unmöglich.

Melkmaschinen

Für manche mag es erstaunlich klingen, aber es ist eine erwiesene Tatsache, daß handermolkene Milch normalerweise die geringsten Keimzahlen aufweist. Der Grund liegt darin, daß die Milch hier mit der geringsten Oberfläche in Berührung kommt. Mikroorganismen setzen sich besonders in den schwer zu reinigenden Gummiteilen der Melkmaschine fest (unsichtbare Risse) bzw. in den Ecken der Rohrmelkanlage.
Deswegen muß der Reinigung der Melkmaschine besondere Aufmerksamkeit gewidmet werden. *Gummiteile müssen jährlich erneuert werden,* auch wenn sie noch „gut aussehen". Bei Rohrmelkanlagen ist eine tägliche alkalische und wöchentliche saure Reinigung nicht zu umgehen.
Auch die richtige Einstellung und ständige Kontrolle der Melkmaschine sollte eine Selbstverständlichkeit sein, nicht zuletzt aus Gründen der Sparsamkeit. Dies gilt besonders – da noch nicht so geläufig – beim Melken von Schafen und Ziegen.

Empfehlenswerte Einstellung der Melkmaschine	Kuh	Schaf	Ziege
Vakuum: kPa	45–50	40–43	38–44
Pulsverhältnis (Saug- zu Entlastungstakt)	50:50 bis 70:30	50:50	60:40
Pulszahl (Doppeltakte/Min.)	50–60	90–120	90

Käsereikammer

Wer erst mit dem Käsen beginnt oder nur geringe Milchmengen verarbeitet, wird dies in der Küche tun. Wo immer aber die Möglichkeit dazu besteht, eine eigene Käsereikammer einzurichten, sollte diese ergriffen werden. Abgesehen von den hygienischen und technologischen Vorteilen, macht die Arbeit in Ruhe und mit dem genügenden Platz weitaus mehr Freude.
Wo mehr Milch verarbeitet wird bzw. die Produktion einen Betriebszweig darstellt, wird man ohne eigenen Raum nicht auskommen.

Der Käseraum sollte nach Möglichkeit

- einen abwaschbaren und säurefesten Boden und Wandbelag (Fliesen) oder -anstrich haben
- ein Bodengefälle zum Abfluß aufweisen (2%)
- ein Spülbecken mit Kalt- und Heißwasseranschluß besitzen
- Fenster mit Fliegenschutz haben
- ausreichend hell und lüftbar sein
- eine Kochgelegenheit haben

Hefen und Schimmel

Spätestens dann, wenn man eine Zeit lang Frischkäse herstellt, kommt man mit Hefen in Berührung. Eine gelbliche Schichte an der Oberfläche des Käses, ein süßlicher germteigartiger Geruch und Geschmack, sind typische Anzeichen von starken Kontaminationen mit Hefen. Daraus folgt eine eingeschränkte Haltbarkeit des Käses.
Hefen stammen vor allem aus der Luft, von Gerätoberflächen, Tüchern, Fetzen, Bürsten und Schläuchen.

Brot und Germteig bzw. Hefekuchen nicht in der Käseküche herstellen oder aufbewahren!

Der reichlich vorhandene Milchzucker dient den Hefen als Hauptnährstoff. Verhefter Käse schmeckt zuerst fad, später gärt er und wird geschmacklich ungenießbar.
Bei Auftreten von Schimmel ist jedoch größte Vorsicht geboten. Schimmel wandern hauptsächlich aus der Luft in Milch und Käse und vermehren sich dort. Schimmel an den Wänden, in feuchten Ecken wie an oder in Möbeln (auch mit Kunststoffoberflächen), Brotschimmel etc. sind die häufigsten Quellen. Daher sollten die Wände mit schimmelabweisenden Mitteln gestrichen, Regale statt geschlossener Kästen verwendet werden. Wichtig ist – neben einer gründlichen Reinigung der Geräte mit Heißwasser – den Raum gut zu lüften.

Käse braucht Frischluft, verträgt aber keine Zugluft.

Hefen und Schimmel zeigen auch bei Kühlschranktemperaturen ungehindertes Wachstum. Schimmel zersetzen Fett und Eiweiß.
Weiters gelangen die Ausscheidungsprodukte (Gifte) des Schimmels über angeschimmeltes Futter in die Milch bzw. in das Endprodukt. Käse mit Fremdschimmel (grellrot, grellgelb, schwarz) sollten auf jeden Fall weggeworfen werden (Komposthaufen).
Zum Schluß sei bemerkt, daß Milch, die für Rohmilchkäse Verwendung findet, regel-

mäßig von der Lebensmittelbehörde oder einer anderen Untersuchungsstelle überprüft werden soll. Dies gilt auch dann, wenn die Produkte „nur" selber gegessen werden. Wer sich um gute Zusammenarbeit mit der Lebensmittelbehörde bemüht, kann sicher sein, für seine Familie, seine Gäste und Kunden ein gutes, gesundes Milchprodukt anbieten zu können.

FLÜSSIGE MILCHPRODUKTE, BUTTER, MOLKE

Köstlich schmecken Sauer- oder Dickmilch, Joghurt, Kefir und Buttermilch. *Milchsäurebakterien legen das Eiweiß dick und verwandeln den Zucker in Milchsäure,* im Fall von Kefir entsteht dabei teilweise Alkohol und CO_2.
Durch den Zusatz von *speziellen Milchsäurebakterien (Säurewecker, Säurestarter, Säurekultur)* zur Frischmilch wird die Säuerung gezielt gefördert.
Der *hohe gesundheitliche Wert der gesäuerten Milch* ist schon seit frühester Zeit bekannt. Sie ist bekömmlich, erfrischend, leichter verdaulich als Frischmilch, wirkt auch leicht abführend und darmreinigend.

SAUERMILCH ODER DICKMILCH

Saure Milch entsteht ganz einfach von selbst, wenn man Milch im Sommer ungekühlt stehen läßt.
Bei der Milchverarbeitung wird die Säuerung nicht dem Zufall überlassen. Wer Sauermilch herstellen möchte, gibt zur Frischmilch – um die, in ihr natürlich enthaltenen Milchsäurebakterien zu stärken – *ca. 1–2% gute saure Milch (Dickmilch) als Ansatz dazu.* Dieser Ansatz kann von der Sauermilch des vorangegangenen Tages, gekaufte Sauermilch oder eine spezielle Kultur (Dickmilch) aus dem Reformhaus sein.
Die so angesäuerte Milch wird *bei 20–25 Grad aufgestellt.* Nach erfolgter Dicklegung wird die Sauermilch verschlossen und kühl gelagert.
Milch wird je nach der Raumtemperatur, der Menge des Säureansatzes und auch je nach Wetter schneller oder langsamer sauer. *Kuhmilch säuert rascher als Schafmilch.*

- Melkwarme oder auf 20 Grad erwärmte Milch wird mit Säureansatz (Säurewecker, Säurestarter, Säurekultur), eventuell in etwas Wasser verdünnt, gut verrührt.
- Milch bei Temperaturen zwischen 20 und 25 Grad offen oder mit einem Tuch abgedeckt aufstellen.
- Nach der Dicklegung gut zugedeckt bzw. verschlossen kühl stellen.

Es kann in gleicher Weise gekaufte, pasteurisierte Milch in Sauermilch verwandelt werden.
Die Tatsache, daß geöffnete pasteurisierte Flaschenmilch bei einer Temperatur von etwa 20 Grad nicht sauer, sondern schlecht wird, läßt sich leicht erklären. *In pasteurisierter Milch sind fast alle Bakterien abgetötet. Die verbleibenden Bakterien sind Eiweiß- und Fettspalter,* vermehren sich bei Zimmertemperatur und machen die Milch schlecht statt sauer.
Offene Milch im Kühlschrank ist ein *sehr guter Nährboden für Fäulnisbakterien,* die dort immer vorhanden sind. Durch die Zugabe von etwas Sauermilch und das Aufstellen der Milch bei Temperaturen um 20 Grad, *wird auch die pasteurisierte Milch sauer.*

Sie wird pur, mit Früchten oder Gewürzen gemixt oder mit Wasser oder Mineralwasser versprudelt (Ayran) getrunken.

JOGHURT

„Der" Joghurt, wie es richtig heißt, – bei uns hat sich der sächliche Artikel eingebürgert – stammt aus Bulgarien. Dieses Milchprodukt ist weit verbreitet. In Indien und im arabischen Raum zum Beispiel trinkt man gewässertes Joghurt und macht Joghurtkäse.
Joghurt oder ein joghurtähnliches Milchprodukt ist sehr leicht selbst herzustellen. Es erfordert jedoch Genauigkeit und Erfahrung, um qualitativ einheitlich gutes, klassisches Joghurt zu erhalten.

- Erwärmen der Milch auf ca. 45 Grad
- Zugabe von ca. 3% Joghurtkultur (Ansatz) und verrühren
- In vorgewärmte Gläser abfüllen
- Verschließen der Gläser
- Warm stellen (bebrüten) bei einer Temperatur von 43–45 Grad 3 Stunden lang
- Sofort abkühlen und gut verschlossen kaltstellen

Echtes Joghurt ist eine Mischkultur aus *thermophilen Bakterien (Staphylococcus thermophilus und Lactobazillus bulgaricus).* Die beiden Keime brauchen zu ihrer Entwicklung höhere Temperaturen als gewöhnliche Milchsäurebakterien. *Werden die Temperaturen nicht genau eingehalten, ist das Ergebnis ein joghurtähnliches Sauermilchprodukt.* Joghurtbakterien brauchen zum Wachsen etwas Luft.
Für den Hausgebrauch genügt zu Beginn als *Joghurtansatz ein Becher gekauftes Joghurt,* wenn darin lebende Keime enthalten sind. *Es darf nicht nachpasteurisiert sein,* wie dies in anderen EU-Ländern oft üblich ist. Es gibt *Joghurt mit schleimbildenden Bakterien, das nicht geeignet ist.* Ist Joghurt gut gelungen, kann es frisch als neuer Ansatz genommen werden. *Reine Joghurtkulturen* können im Reformhaus oder in einem Labor für Milchwirtschaft besorgt werden.
Es ist zu beachten, daß sich auf der *obersten Schichte des Joghurts Hefen, und in der untersten Schichte Säurebakterien ansammeln,* die man mit dem Ansatz nicht übertragen soll. So wird die oberste Schicht (1/2 bis 1 cm) entfernt und der unterste Teil des Joghurts im Glas gelassen.
Der Joghurtansatz wird in ein wenig warmer Milch oder Wasser gut verrührt, bevor er der Milch, die auf 45–48 Grad erwärmt wurde, zugefügt wird. Diese, gut verquirlt, in vorgewärmte Gläser abgefüllt und zugemacht , wird gleich bebrütet.
Joghurt kann in einem größeren Gefäß, einem Kübel oder einem Glas mit Deckel, in

Zum Beimpfen verwenden wir ein Glas gut gelungenen Joghurts vom letzten Mal. Die oberste Schicht muß allerdings vorher entfernt werden, da sie besonders viele Hefen enthält.

Portionsgläsern mit Deckel, oder in Gläsern mit Schraubdeckelverschluß zubereitet werden. *Braune Gläser sind empfehlenswert, denn Milch ist sehr lichtempfindlich. Das Bebrüten von Joghurt erfordert große Genauigkeit.*

Es gibt einige Möglichkeiten, die Temperatur 3 Stunden lang auf 43 Grad zu halten:

- *Kochkiste:* Eine Kiste wird innen rundum mit Styropor verkleidet. Zu beachten ist, daß die Joghurtmilch wirklich bei 45 Grad hineingestellt wird. Die Temperatur hält sich besser, wenn die Gläser in einem 45grädigem Wasserbad stehen.
- *Zeitungen:* Die Gläser werden fest in viele Zeitungen eingeschlagen; darüber legt man einen Polster oder eine Decke. Es muß kein Wasserbad verwendet werden, aber die Temperatur der Joghurtmilch kann zu Beginn etwas höher liegen, bei 45 bis 48 Grad – aber nie über 48 Grad!
- *Decken:* Abgefüllte Joghurtmilch wird in eine Wanne mit 45-grädigem Wasser gestellt und in mehrere Decken gehüllt.
- *Tupperware-Becher:* Die geimpfte, erwärmte Milch in den Becher füllen, verschließen und bebrüten.
- *Wasserbad:* Das Wasserbad kann mit einem Tauchsieder mit Thermostat auf richtiger Temperatur gehalten werden.

Hier wurde die Joghurtmilch pasteurisiert und kühlt auf Impftemperatur ab. Ein Rühren mit dem Schneebesen wirkt auch gegen die Hautbildung (ausgefallenes Molkeneiweiß).

- *Kochkessel:* Es gibt elektrische Kochkessel mit Thermostat. In diesen werden die Gläser auf einem Rost im Wasserbad zum Bebrüten gestellt. Der Thermostat muß jedoch anfänglich überprüft werden, um seine Genauigkeit festzustellen.
- *Joghurtbereiter:* Es gibt Joghurtbereiter, die mit einem Thermostat ausgerüstet sind. Sie garantieren die richtige Temperatur. Ist eine Gebrauchsanweisung vorhanden, wird danach gearbeitet. Die Milch muß jedoch nicht gekocht werden, wie oft gefordert.
- *Backrohr:* Das Backrohr ist nur dann zu verwenden, wenn es genau auf die richtige Temperatur von maximal 45 Grad eingestellt werden kann. Die Gläser werden ebenfalls ins Wasserbad gestellt.

Nach dem Bebrüten wird Joghurt – fest verschlossen – sofort kalt gestellt, um die Säuerung zu stoppen.

Bei entsprechender Kühlung hält sich das Joghurt 4 bis 6 Tage frisch. Wurde die Milch pasteurisiert, hält es sich zwei Wochen.
Die Festigkeit von Joghurt ist wie so vieles Geschmacks- und Gewöhnungssache. Mit den verschiedensten Zubereitungsarten kann unterschiedlich festes Joghurt gemacht werden.

Rohmilchjoghurt

Dieses ist, richtig hergestellt, cremig und von vollem und mildem Geschmack. Es hält im Kühlschrank bis zu einer Woche. Joghurt aus unpasteurisierter Schafmilch ist stichfester als Joghurt aus Kuhmilch. Ziegenmilchjoghurt bleibt fast flüssig.

Stichfestes Joghurt

In Molkereien wird die Joghurtmilch pasteurisiert. Dabei fällt das Molkeneiweiß aus und

macht das Joghurt stichfester. Zum Teil wird *Trockenpulver zugefügt* und/oder die Milch wird *durch Dampfen eingedickt*, um festes Joghurt zu erhalten.
In südlichen Ländern wird die Milch *gekocht*. Das Joghurt daraus ist fest, hat aber einen deutlichen Kochgeschmack.

Faustregel: Je länger und je höher die Milch erhitzt wird (90 Grad und darüber, bis zu 30 Minuten lang), desto stichfester wird das Joghurt. Die Nachteile sind dann die Hautbildung und der Kochgeschmack. Die Haut wird am besten nach dem Abkühlen der Milch abgeseiht.

Joghurtähnliche Sauermilch

Wird die Bebrütungstemperatur nicht 3 Stunden lang auf 43 Grad gehalten, sondern sinkt stark ab, so entsteht ein joghurtähnliches Produkt, das im Geschmack sehr gut sein kann. Es wird jedoch nicht als klassisches Joghurt eingestuft.

Die mit Joghurtansatz vermischte Milch wird in die gut gewaschenen, vorgewärmten Gläser gefüllt. Im Hintergrund steht ein mit Zeitungen isolierter Brutbehälter.

Fruchtjoghurt

Vor dem Befüllen werden 1–2 Eßlöffel Marmelade oder Früchte ins Glas gegeben. Die Milch wird vorsichtig darübergeschüttet.

Jedes fertige Natur-Joghurt kann auch noch vor dem Essen mit Früchten oder Marmelade zu Fruchtjoghurt verrührt werden.

Schafjoghurt

Es war ursprünglich eine *Spezialität aus Griechenland* und wird im mitteleuropäischen Raum in zunehmendem Maße geschätzt und hergestellt. Es ist etwas sämiger als Joghurt aus Kuhmilch. *Sehr gut bewährt sich hier die gefriergetrocknete Kultur aus dem Reformhaus oder Labor, die vor allem bei Kuhmilch-Allergikern verwendet werden muß.*

Ziegenjoghurt

Sehr schmackhaft ist das Ziegenmilchjoghurt. Es gilt ebenfalls als Diätnahrung. *Aufgrund seiner unterschiedlichen Eiweißzusammensetzung ist es fast flüssig.*

Fehler bei der Joghurtherstellung

Ist das Joghurt

- *zu flüssig,* war die *Bebrütungstemperatur zu niedrig.* Es kann nochmals vorsichtig nachgewärmt werden. Oder es war der *Ansatz ohne lebende Joghurtkultur,* oder es war die *Anfangstemperatur zu hoch* (über 50 Grad).
- *grießlig,* war die *Bebrütungstemperatur zu hoch.* Durch nochmaliges Nachwärmen entsteht oft am Boden eine grießlige Schichte.
- *zu sauer,* wurde das Joghurt *zu lange bebrütet* oder nach dem Bebrüten nicht sofort abgekühlt, oder es wurde *zu lange aufbewahrt.* Joghurt säuert bei der Lagerung noch etwas nach.
- *nicht fest genug,* wurde das Joghurt vor dem Erkalten *geschüttelt, oder noch nicht abgekühlt transportiert.* Es kann als Rührjoghurt gegessen werden.
- *schlierig, zieht es Fäden,* waren im gekauften Ansatz oder im Raum *schleimbildende Bakterien, die ungefährlich sind.*
- *unangenehm im Geschmack,* waren Milch oder *Ansatz schlecht oder die Gläser nicht sauber.* Die Reinlichkeit muß überprüft, die Milch gegebenenfalls pasteurisiert und ein neuer Ansatz verwendet werden.

Ein gut bewährter „Joghurtautomat", der gar nichts kostet: Die Kiste (trocken oder als „Wasserbad" mit 43° C warmem Wasser) wird in eine Heizdecke eingeschlagen. Die Gläser lassen wir zur Luftzufuhr offen oder legen den Deckel nur leicht drauf. Vorsicht, daß kein Wasser hineinrinnt! Regelmäßig Temperatur kontrollieren!

Rechtsdrehende und linksdrehende Milchsäure

Joghurt aus Kuhmilch enthält zu 50% linksdrehende D(–) und zu 50% rechtsdrehende L(+)-Milchsäure.
Bei Sauermilch, Buttermilch, Acidophilusmilch, Topfen und Frischkäse sowie in „Sanoghurt", Bifido-Joghurt und Kefir entsteht überwiegend rechtsdrehende Milchsäure (siehe Seite 20).

KEFIR

Kefir ist ein im Kaukasus seit vielen tausend Jahren bekanntes und beliebtes Getränk. Sein Name kommt vom türkischen „Kef" und heißt „Schaum"; andererseits von „Keyif", was im Türkischen „Rausch" bedeutet.

Der Kefir-Pilz besteht aus einer Vielzahl verschiedener Hefen und Milchsäurebakterien, die durch den Kefirbazillus zu *karfiolartigen Gebilden* zusammengewuchert sind. Er bewirkt, daß sich ein Teil des Milchzuckers in Alkohol umwandelt. Daher moussiert Kefir und *kann bis zu 2% Alkohol enthalten.* Gekaufter Kefir enthält ca. 0,03% Alkohol (Ethanol).

Wegen des Alkoholgehaltes ist „älterer" Kefir als Getränk *für Kinder nicht geeignet.* (Dies betrifft auch Wasserkefir und Teekefir.)

Kefir wirkt verdauungsregulierend

Wird Milch nur *12 Stunden* angesetzt, wirkt der frische Kefir verdauungsfördernd.
Säuert er dagegen *30 bis höchstens 48 Stunden* lang, so wirkt er gegen Durchfall.
Die Säuerung vollzieht sich am besten bei einer Temperatur von *25 Grad.* Unter 20 Grad arbeitet der Pilz langsam.

Kefirherstellung mit Pilzknollen

Ein nußgroßer Kefirpilz reicht für ungefähr 1/4 Liter Milch. Der Kefir-Pilz wird in ein entsprechend großes Glas mit Schraubdeckel gegeben und darüber die lauwarme Milch (20 Grad) bis zu 3 cm unter dem Rand gegossen. *Das Glas wird verschlossen, kräftig geschüttelt und bei warmer Temperatur, lichtgeschützt stehen gelassen.*

Kefir verträgt keine Sonnenbestrahlung und keine direkte Ofenhitze.

Nach 12 bis höchstens 48 Stunden – je nach gewünschter Stärke und Intensität – wird der Kefir über einem emaillierten Sieb oder Kunststoffsieb abgeseiht. Das Kefir-Getränk sollte möglichst gleich getrunken werden. *Es reift beim Lagern noch weiter.*
Der abgeseihte Pilz kommt zurück in das Ansatzglas, wird mit neuer warmer Milch übergossen und zur Reifung in den Schrank gestellt. So gibt es täglich frisches Kefir-Getränk.
Einmal pro Woche wird der Kefir-Pilz in kaltem oder lauwarmen Wasser gut durchgespült und das Ansatzglas gut gereinigt. Wird der Kefir-Pilz nicht alle 24 bis 48 Stunden in frische Milch umgebettet, verliert er an Kraft. Er wird weich und schlecht. Das Innere eines

großen Pilzstückes kann aber noch brauchbar sein. *Der Pilz muß regelmäßig in Milch umgebettet werden.*
Die Beliebtheit des Kefirtrinkens kann leicht in Abneigung umschlagen. Die Knolle wächst ständig, das Kefirtrinken wird zum „Muß“. Soll daher eine Pause eingelegt werden, *kann der Pilz nur kurze Zeit* in Wasser *aufbewahrt werden. Er verhungert im Wasser und wird unbrauchbar.* Große Knollen können eingefroren werden, sind jedoch oft bis auf ein kleines Kernstück erfroren. Hat man zu viele Kefirknollen, werden sie verschenkt oder weggegeben.

Wird besonders milder Kefir gewünscht, müssen die Pilzknollen täglich unter dem Wasserstrahl durchgespült und das Ansatzglas ausgewaschen werden.

Kefirherstellung mit Ansatz

Frische oder pasteurisierte Milch wird auf 20 bis 25 Grad erwärmt. 1 Eßlöffel Molkerei-Kefir pro Liter Milch wird dazugegeben und gut verrührt. Das Ansatzglas wird verschlossen; den Kefir läßt man bei Zimmertemperatur abgedunkelt reifen.
Der große Vorteil von Kefir gegenüber Joghurt ist, daß Kefir ohne viel Arbeitsaufwand hergestellt wird. Als Nachteil ist anzusehen, daß Kefir nicht lange aufbewahrt werden kann und einen, wenn auch geringen Alkoholgehalt hat.
Als Geschmacksvariierung können Marmelade, Fruchtsaft, und Früchte beigemengt werden.

SCHWEDISCHE LANGMILCH

Schwedische Langmilch ist, wie schon der Name sagt, im Norden Europas zu Hause. Es handelt sich um sauer gewordene Milch, bei der *schleimbildende Bakterien* vorherrschen. Der Geschmack ist dem von Joghurt ähnlich. Schwedische Langmilch ist genauso zu verwenden wie Joghurt, Kefir oder saure Milch. Die Milch *dickt mit Hilfe der Kultur bei Zimmertemperatur ein und beginnt Fäden zu ziehen.* Vor dem Genuß werden die Fäden mit einem Schneebesen zerschlagen, so daß die Milch cremig wird. Der Geschmack ist angenehm und die Herstellung einfach.
Die benötigten Ansatzbakterien können wie die Kefirpilzknollen von Freunden besorgt werden. In manchen Gegenden ist Schwedische Langmilch nicht bekannt, und daher ist der Ansatz auch kaum zu erhalten. *Da Langmilchbakterien leicht auf andere Milchprodukte übergreifen, sollte man die Milch nicht im Käseraum aufstellen.* In kürzester Zeit würden sonst Milch und Molke auch Fäden ziehen.
Langmilchbakterien entwickeln sich bei 15–30 Grad und brauchen genügend Sauerstoff zu ihrer Entwicklung. Bei einer darüberliegenden Temperatur gehen die Bakte-

rien zugrunde. Es wird immer die *oberste Schichte als neuer Ansatz verwendet.* Der Langmilch-Ansatz läßt sich gut einfrieren.

Herstellung

Frische Milch wird mit einigen Eßlöffeln aus der Langmilch vom Vortag versetzt und bei Raumtemperatur offen, nur mit einem Tuch gegen Fliegen abgedeckt, an einem ruhigen Ort 12 bis 24 Stunden lang stehen gelassen. Wird die Langmilch nicht gleich gegessen, kann man sie gut verschlossen im Kühlschrank aufheben.

RAHM

Rahm, *das Fett der Milch*, wird durch Abschöpfen oder Zentrifugieren gewonnen. Er ist das Ausgangsprodukt für Butter, Sauerrahm, Schlagrahm, Kaffeeobers und Crème fraîche.

Rahm wird bei einigen Käsesorten der Milch beigemischt, um besonders fetten Käse zu erhalten.

Zentrifugieren

Melkwarme Milch wird in einer Zentrifuge geschleudert. Dieser Vorgang trennt das Fett von der Magermilch.
Die gewonnene Magermilch kann für Topfen und mageren Käse und aus Topfen hergestellten Käse verwendet werden. Um halbfetten Käse zu erzeugen, wird der Magermilch entsprechend mehr oder weniger Rahm zugefügt.

Abrahmen

Beim Abrahmen bleibt mehr Fett in der Milch als beim Zentrifugieren.
Milch wird bei *12 Grad* in großen, weiten Schüsseln aufgestellt. *Nach 12–24 Stunden wird der Rahm mit einem flachen Schöpfer langsam von der Oberfläche der Milch abgehoben.* Je später abgerahmt wird, desto dicker ist aufgerahmt, desto mehr Rahm kann der Milch entzogen werden, aber auch desto angesäuerter sind Rahm und Milch (Vorreifen).
Es gibt eigene *Aufrahmgefäße*, flache Schüsseln mit einem Abflußloch am Boden, zum Ablassen der Magermilch. Ein Steg verhindert das Mitfließen des Rahms, der mit einer Gummispachtel herausgestrichen wird.
Für manche halbfette Käsearten wird die Abendmilch abgerahmt und mit der vollfetten Morgenmilch gemischt.

Schlagobers

Rahm kann mit einem Mindestfettgehalt von 30% geschlagen werden.

Sauerrahm

Der süße Rahm wird mit 2% Säurewecker (Sauermilch oder Sauerrahm) versetzt, mit einem Tuch oder einem Deckel abgedeckt und bei 20–25 Grad stehen gelassen. Zur Erzielung einer längeren Haltbarkeit kann der Rahm vor der Säureweckerzugabe pasteurisiert werden. Rahm wird bei 80–90 Grad pasteurisiert.

Kaffeeobers

Eine Milch-Rahm-Mischung mit einem Fettgehalt von 15–20% ist als Kaffeeobers bekannt.

BUTTER

Butterherstellung

Butter wird aus süßem oder angesäuertem Rahm bei kühlen Temperaturen hergestellt.

- Süßer oder angesäuerter Rahm wird
- bei einer Temperatur von etwa 14 Grad im Butterfaß gerührt, bis sich die Butter absondert.
- Die Butterklümpchen werden von der Buttermilch getrennt und
- mit kaltem Wasser gut ausgewaschen.
- Butter wird geknetet und dabei möglichst viel Restwasser ausgedrückt.
- Butter kann dann zu Striezeln, in einer Model, zu Päckchen geformt oder in ein Gefäß gedrückt werden.
- Butter wird kühl gelagert, in kaltes Wasser gelegt oder eingefroren.

Bei geringen Rahmmengen wird die jeweilige Tagesmenge gesammelt. Dabei wird dem noch warmen Frischrahm sofort Säurewecker zugesetzt und dieser anschließend kühl gestellt. Bis zum Verbuttern säuert der Rahm und muß mit einem „kritischen Auge" täglich kontrolliert werden. Erst vor dem Verbuttern mischt man die einzelnen – höchstens vier – Tagesmengen.

Rahm verdirbt noch rascher als Vollmilch! Daher muß vor dem Verbuttern jeweils die Rahmgüte kontrolliert und dann sollen erst die einzelnen Tagesmengen gemischt werden!

Je nach Rahmmenge wird in verschiedenen Geräten gerührt. Bei einer Rahmmenge von nur einem Liter kann im Aufsatzmixer bei niedrigster Geschwindigkeit oder mit dem Handmixer gebuttert werden. Bei größeren Mengen wird im Butterrührglas oder in einem entsprechend großen Butterfaß gerührt. Rührt man in einem geschlossenen Butterfaß, soll nach den ersten Umdrehungen die überschüssige Luft herausgelassen werden.
Die ideale Temperatur liegt zwischen 12 und 14 Grad. Nach 5 bis 8 Minuten wird sich der Ton ändern. Dies ist ein Zeichen, daß sich bereits Butter absondert. Es wird dann noch etwas weitergerührt, bis die Butter gut zusammenklumpt.

Manchmal dauert das Buttern länger. Entweder ist die Butter zu kalt oder zu warm (oder es ist der Mixer nicht geeignet). Es kann auch am Wetter liegen.

Ist der Rahm

- *zu dick*, geben wir etwas Wasser dazu
- *zu kalt*, geben wir einige Löffel warmes Wasser dazu
- *zu warm*, geben wir Eis oder gefrorenen Rahm dazu, oder bei kleinen Mengen stellen wir den Rahm kühl und buttern weiter, wenn der Rahm die richtige Temperatur von 12–14 Grad hat.
- Wird im Mixer gebuttert, und ist dieser *zu hochtourig* eingestellt, werden die Butterklümpchen zerschlagen und es wird eine Art Mascarpone daraus. Etwas kaltes Wasser kann gegebenenfalls abhelfen.

Sind die ersten *Butterabsonderungen* zu sehen – es tönt tiefer als vorher –, kann das Gerät (Mixer, Rührglas) abschaltet werden. Langsam oder händisch wird weitergerührt, bis sich die Butter zu größeren Klumpen zusammenschließt. Jedes Gerät erfordert eine spezielle Handhabung und Erfahrung.

Die Buttermilch wird von der Butter getrennt und diese mit kaltem Wasser im Butterfaß ausgewaschen. Kleine Mengen werden mit der Hand gedrückt und unter rinnendem kalten Wasser geknetet, bis das Wasser klar abfließt.

Die Butterklumpen werden nun auf ein Brett geschlagen oder in einer Schüssel so lange „geschupft", bis das *restliche Wasser ausgetreten* ist. Mit in heißes und anschließend ganz kurz in kaltes Wasser getauchten Händen wird die Butter zu *Kugeln oder Striezeln* geformt. Die Striezel werden mit einem Löffel verziert. Eine Buttermodel kann ebenso verwendet werden. Sie wird heiß und anschließend kalt ausgeschwemmt, damit sich die Butter beim Herausstürzen leicht von der Model löst. Fertige Butter kann man in Butterpapier wickeln, gekühlt lagern oder einfrieren. Sie kann auch einige Tage in kaltes, leicht gesalzenes Wasser, das täglich gewechselt werden muß, gelegt werden.

Die *Haltbarkeit der Bauernbutter ist relativ kurz,*
- *weil* der *Wasseranteil verhältnismäßig hoch* ist. (Beim Anschneiden soll Butter nicht spritzen.)
- wenn der *Rahm nicht pasteurisiert* wurde.
- da *Buttersäurebakterien* die offen gelagerte Butter *leichter ranzig machen* (nicht jedoch, wenn sie ganz in frischem, kaltem Wasser liegt).

Um die Butter haltbarer zu machen

- muß die Hygiene überprüft werden.
- kann der süße Rahm im Wasserbad pasteurisiert werden.
- kann eventuell kann Salz eingeknetet werden.
- wird die Butter während der Verarbeitung stets unter kaltem Wasser „gelagert".

Die bereits gewaschene Butter bildet in der Buttermaschine einen Klumpen.

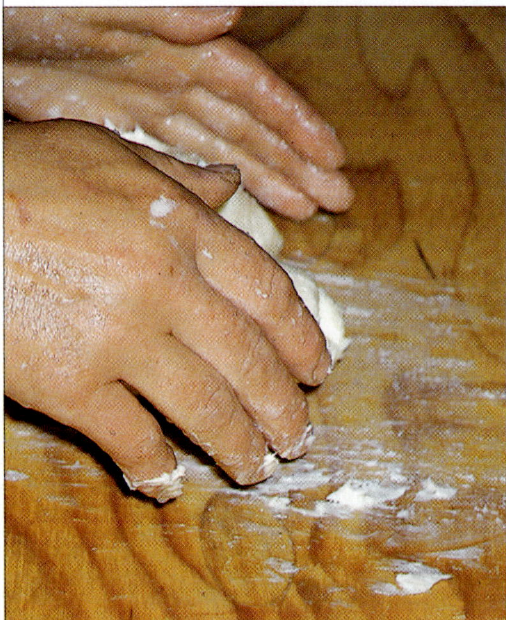

Das Restwasser wird durch Kneten und Schlagen aus der Butter gepreßt.

Früher verwendete man liebevoll geschnitzte Buttermodeln.

Gesalzene Butter

Fertige Butter wird am Brett *mit 1–3% Salz* gut durchgeknetet, in ein Gefäß gedrückt, oben nochmals mit Salz bestreut und gut verschlossen aufbewahrt.

Schafbutter

Schafbutter ist eine feine, weiße, cremige Butter, deren Geschmack an Mandeln erinnert. *Sie schmeckt tagfrisch am besten.* Unter Wasser, das täglich gewechselt werden muß, hält sie einige Tage.

Schafbutter kann nur kurz eingefroren werden, weil sie sich dabei geschmacklich zu stark verändert.

Ziegenbutter

Ziegenbutter ist, wie Schafbutter, ein sehr wertvolles Produkt. Die cremige Ziegenbutter wird jedoch hauptsächlich als *Hautsalbe oder als Basis für Kosmetika verwendet.*

Ziegenmilch rahmt kaum auf und muß daher zentrifugiert werden.

Das Vitamin A ist in Ziegenbutter, wie auch in Schafbutter, nicht in der Vorstufe, in Form von Karotin, sondern bereits in seiner Endstufe, als A-Vitamin, enthalten. Daher sind diese Butterarten ganz weiß.

Butterschmalz

In Zeiten, als es noch keine Kühlschränke gab, hat man Butter in Form von *„Rindsschmalz"* haltbar gemacht. In vielen Küchen wird auch heute Butterschmalz zum Backen und Kochen verwendet.

Das Ausschmelzen der Butter erfolgt *am sichersten im Wasserbad, bei einer Temperatur von 40 Grad.* Ist die Butter geschmolzen, wird das Wasserbad rasch bis zum Siedepunkt erhitzt. Nach kurzer Zeit beginnt die Butter zu schäumen. *Der gesamte Schaum wird sogleich sorgfältigst abgeschöpft,* bis kein Schaum mehr aufsteigt. Das Wasserbad wird mit kaltem Wasser auf 40 Grad abgekühlt, die geschmolzene Butter dann in diesem Wasserbad noch etwa eine halbe Stunde lang stehengelassen, abgeschöpft und ohne die am Boden abgesonderte Buttermilch in Gläser oder irdene Töpfe gefüllt.

Wird die Butter *ohne Wasserbad im Topf geschmolzen,* muß häufig umgerührt werden. Ist die geschmolzene Butter ganz klar, wird der Topf beiseite gestellt, das sogenannte „Leuterschmalz" sinkt zu Boden und wird nach Überkühlung abgeseiht.

Gelagert wird das fertige Butterschmalz in der Speis, im Keller oder in der Tiefkühltruhe.

BUTTERMILCH

Bei der Herstellung von Butter wird die Buttermilch von der Butter getrennt. Sie ist ein köstliches Getränk. Je saurer der Rahm war, desto säuerlicher schmeckt sie. *Buttermilch ist gut verdaulich und wirkt leicht abführend.*
Buttermilch hat eine geringe Haltbarkeit. Durch die mechanische Bearbeitung beim Butterrühren wurden die Fettkügelchen zerschlagen. Fettspaltende Bakterien *verderben die Buttermilch rasch,* und sie wird bitter.
Ganz frisch schmeckt sie am besten. Sie wird gerne mit Zimt und Zucker oder mit Früchten gegessen. Weiters wird sie zum Brotbacken und zur Topfenherstellung verwendet.
Was man unter der Bezeichnung „Buttermilch" im Handel erhält, hat mit der Butterherstellung nur den Namen gemeinsam. Dieses bestimmt sehr gute und bekömmliche Sauermilchprodukt ist teilentrahmte, pasteurisierte Milch, die mit Buttersäurewecker-Kultur beimpft wird und einige Stunden bei ca. 25 Grad reift.

Buttermilchtopfen

Wenn aus saurem Rahm Butter gemacht wird, kann aus der anfallenden Buttermilch Topfen gemacht werden. Dazu wird die frische, angesäuerte Buttermilch langsam, unter oftmaligem Rühren auf mittlere Temperatur erhitzt, bis sie ausflockt, dann ausgekühlt im Tuch abgeseiht.

Buttermilch-Milchtopfen

In 3 Liter Sauermilch 1 Liter Buttermilch rühren und wie im obigen Rezept weiterbehandeln. Eventuell kann der Topfen im Tuch gepreßt werden.

MOLKE UND MOLKEPRODUKTE

MOLKE

Bei der Käseherstellung rinnt die Molke vom Käsebruch ab und wird in Gefäßen aufgefangen. In letzter Zeit hat Molke wieder einen hohen Stellenwert als Nahrungsmittel bekommen.
Sie enthält vor allem Mineralsalze, Spurenelemente, Molkeneiweiß, Enzyme und Vitamine. Aufgrund des hohen Lactoseanteils wirkt Molke, in größeren Mengen genossen, abführend.

- *Molke von Frischkäse* ist gelblich und mild.
- *Weißlichgelbe Molke* entsteht, wenn durch unvorsichtige Bruchbearbeitung zu viel Eiweiß in die Molke abgeht.
- *Molke von Schnitt- und Hartkäse* ist grünlich und schärfer im Geschmack.
- *Molke von Topfen* und Sauermilchkäse ist grün und manchmal sehr sauer.

Molke ist nicht lange haltbar. Durch ihren Lactosegehalt dient sie vor allem Hefen als Nährstoff. Diese bilden nach kurzer Zeit eine weiße, faltige Haut.

Klarmolke

Wird Molke an den Siedepunkt gebracht, fällt das Molkeneiweiß, das Albumin, in Flocken aus. Nach Überkühlen wird dieser Topfen, Schotten oder Zieger in einem sehr feinen Tuch abgeseiht. Die abfließende Molke ist klar.

Verwendung von Molke

Frische Voll- oder Klarmolke kann verwendet werden:
- als *Trinkmolke*, ganz frisch pasteurisiert, abgefüllt, verschlossen und gekühlt hält sie einige Tage.
- als *Fruchtmolke* mit Fruchtsäften
- zur *Molkenkur* auf ärztliche Verschreibung zur Entschlackung des Körpers durch Trinken von etwa einem halben Liter pro Tag.
- *zum Brotbacken* an Stelle von Wasser. Sie treibt den Teig und macht das Brot locker.
- für *Molkensuppe:* In 1 Liter aufgekochte Molke etwas Hafer- oder Roggenmehl einrühren, mit Salz und Kümmel würzen, nochmals kurz aufkochen und mit gerösteten Brotwürfeln servieren.
- für *sauren Brei:* Buttermilch und Molke werden zu gleichen Teilen gemischt, aufgekocht und Mehl oder Grieß eingekocht.

- für *Seired* oder *Molkenessig* an Stelle von Essig. Etwa 80 Liter Molke werden in ein Faß im Keller gegeben. Täglich wird von unten 1 Liter Molke abgezogen und oben wieder ins Faß geschüttet. Nach einiger Zeit ist die Molke so sauer, daß sie als Essigersatz verwendet werden kann.
- *zum Abwaschen* mit einem Schuß Essig. Sie ergibt ein schonendes, hautfreundliches Geschirrspülmittel.
- *als Kurbad* auch zu Hause, mit 1–3 Liter Molke (Klarmolke) im Badewasser. Die Haut wird weich und zart.
- *bei der Käseherstellung:*
  - Einwandfreie, frische Molke als *Säurewecker*
  - Zum *Schmieren* von Hartkäse
  - Zum *Sterilisieren* vor dem Einwachsen oder Einschweißen in *kochender, 20%iger Salzmolke*
- In nicht zu hohen Mengen kann man Molke der *Viehtränke* beimischen.

MOLKEPRODUKTE

Wo größere Mengen Molke anfallen, wird die Molke weiterverarbeitet.

1. Molkenkugel

Zur Molke wird während des Erhitzens im Wasserbad etwa 50% Vollmilch und etwas Zitronensaft zugefügt und vorsichtig weiter erwärmt. Sobald sich das Eiweiß absondert bzw. ausflockt, wird der Topf von der Feuerstelle genommen und der aufsteigende Käse sofort mit einem Flachschöpfer abgeschöpft. Er wird zu einer Kugel geformt und möglichst bald gegessen oder in Molke sehr kühl gelagert.

2. Ricotta

Zur Molke wird bis zu 50% Milch zugefügt; gut durchsäuern lassen, dann vorsichtig erwärmen, schließlich zum Siedepunkt bringen und dann auskühlen lassen. Dann wird das Ganze in einem feinen Tuch abgeseiht. Die Klarmolke rinnt ab. Der fertige Ricotta wird gesalzen, in eine Form oder in Becher gedrückt oder zu Kugeln geformt.

3. Zieger oder Schotten

Bei der Klarmolkeherstellung, indem Molke kurz aufgekocht wird, fällt das ausgeflockte Eiweiß, in der Hauptsache Albumin, an. Dieser Schotten oder Zieger wird überkühlt abgeseiht. Er ist sehr trocken und wird wie Topfen für Topfenknödel, Palatschinken, Kipferln oder Golatschen verwendet.

Zieger kann weiterverarbeitet werden zu:

4. Schotten-Suppe

Eine Portion Schotten, der frisch und nicht zu trocken ist, wird mit etwas saurem Rahm, Salz und Gewürzen vermischt. Darauf kommt heißes Wasser. Alles wird einige Zeit ziehen gelassen. Dazu werden Brotscherzln, altes Brot oder geröstetes Schwarzbrot gegessen.

5. Gewürzzieger

Der gewonnene Zieger wird mit Salz und Gewürzen, z. B. Herbes de Provence, getrockneten Gartenkräutern oder Knoblauch vermischt, zu kleinen Kugeln oder Laibchen geformt und getrocknet. So entsteht ein harter Reibkäse, der lange haltbar ist.

6. Ziegerlkas

Im Mühlviertel ist dieser Käse zu Hause. Molketopfen (Zieger) oder Topfen wird gesalzen, zu Laibchen geformt und auf ein Brett zum Trocknen aufgestellt. Sind die Käschen abgetrocknet, gibt man sie in einen irdenen Topf und deckt diesen mit einem feinen Leinentüchlein ab. Der Topf wird an einem warmen Platz in der Küche aufgestellt. Nach einiger Zeit reift der Käse durch. Er wird als Brotaufstrich gegessen.

7. Schaumspeise

Während des Erhitzens der Molke wird etwas Zitronensaft zugefügt. Der aufsteigende Schaum, der Vorbruch, wird mit einer flachen gelochten Schöpfkelle abgeschöpft, ausgekühlt und nochmals von der abgesetzten Molke getrennt. Durch Zugabe von Zimt und Zucker, Honig oder Marmelade wird die Schaumspeise geschmacklich noch variiert. Sie muß gleich gegessen werden.

8. Glarner

Der Zieger, der früher Glarner, Schabzieger oder grüner Kräuterkäse genannt wurde, ist heute nur mehr aus mündlicher Überlieferung bekannt. Hier das Rezept, das in einem alten Kochbuch zu finden ist.
Die Senner lieferten den Zieger schon teilweise vergoren ins Tal zu den „Ziegermüllern". In der Käsemühle oder Ziegermühle wurde er vermahlen. Man vermischte die

Masse mit Salz und halb so vielen getrockneten Kräutern (Blättern des Ziegerklees – Melilotus caeruleus). Auf 100 kg Zieger rechnete man 4–5 kg Salz und 2–3 kg Klee. Nun wurde der Käse geformt und gelagert. Nach 2–6 Monaten konnte der Käse gegessen werden. Die vollständige Reifung war aber erst nach einem Jahr erzielt.

9. Schottensyk oder Molkensyk

Langsam, unter ständigem Rühren, wird die Molke vorsichtig erwärmt, bis sie leicht wallt. Sie wird weitergekocht, die ganze Flüssigkeit verdunstet, und eine karamelartige Paste bleibt im Topf. Nun wird der Topf in kaltes Wasser gestellt; man rührt weiter, bis der „Käse" abgekühlt ist. Der goldbraune, feste Käse wird in eine gelochte Form gedrückt und noch 1 bis 2 Tage zum Festigen aufgestellt.

10. Molkenbutter

Bei der Hartkäseerzeugung gehen viele Fettanteile in die Molke über, weil mit hohen Temperaturen verkäst wird. Diese Molke kann zentrifugiert werden. Der gewonnene Molkenrahm wird anschließend abgekühlt und verbuttert. Die Ausbeute ist bei hohem Arbeitsaufwand gering.

KÄSEHERSTELLUNG

ALLGEMEINES

Käserezepte haben mit Kochrezepten nur wenig gemeinsam. Zu empfindlich reagiert der Rohstoff Milch auf die geringfügigsten Abweichungen: ein paar Grade auf oder ab, „noch ein Tröpferl" Lab, ungehemmte, gebremste oder gezielt gelenkte Bakterienentwicklung… So entstehen aus der *gleichen Milch* einmal Topfen oder Gervais, ein anderes Mal Butterkäse, Camembert oder Tilsiter,… oder einfach *Ihr* spezieller, unwiederholbarer „Haus- und Hofkäse". Darin liegt die schöne Herausforderung für Sie als Milchverarbeiter! Erst dadurch, daß Sie probieren, mit Geduld und Risikofreudigkeit etwas Eigenes hervorbringen, selbstkritisch kosten und bereit sind ständig zu verbessern, schaffen Sie die Voraussetzung für ein gutes Gelingen. Sie werden dann dankbare Abnehmer finden und *Käsen als sinnvolle und erfüllende Arbeit empfinden.*

Bei den Käserezepten gehen Sie immer vom *empfindlichen Rohstoff Milch* aus. *Die Geheimnisse liegen in der Bearbeitung.* So spielen *Temperatur,* die unterschiedliche *Zeit* bei der Säuerung, der Bearbeitung und der Reifung eine Rolle, genauso wie *Umgebung,* Luft, Klima, Raum, Feuchtigkeit sowie die *Zusatzstoffe* Lab, Salz, Gewürze und Wasser. *Eines bedingt das andere und ist vernetzt mit dem Ganzen.* Eine kleine Abweichung vom Rezept, ein „Fehler", ist daher meist eine eigene neue Schöpfung. Es wird immer Käse daraus.

Wenn Sie sich der Faszination des Prozesses stellen und hinter die Tricks in der Käseherstellung kommen möchten, können Sie jedoch nicht alles dem Zufall überlassen. So ist es ein großer Unterschied, ob ein Tropfen Lab mehr oder weniger zugefügt wird, oder beim Einlaben und/oder bei der Verarbeitung die Temperatur um ein Grad höher oder tiefer liegt. *Käsen verlangt von Ihnen Fingerspitzengefühl, Konzentration und Genauigkeit, Geduld und Liebe.* Die *Regeln der Hygiene* müssen Sie streng einhalten und es erfordert Ihre *Bereitschaft zu beobachten,* gleiche Handgriffe zu machen, die Töpfe zu waschen und vieles mehr. Es gilt zu *forschen,* zu *versuchen,* zu *verbessern, sich* in Kursen *weiterzubilden,* durch das Lesen und aus der Erfahrung anderer zu lernen.

Die angeführten Käserezepte wurden zum Großteil von den Autorinnen selbst ausprobiert. Einige davon werden in Kursen vorgeführt. Andere stammen von erfahrenen Bäuerinnen oder Sennern. Manch altes Rezept ist als Ergänzung interessant.

Beginnen Sie mit dem Frischkäse. Hier werden erste Erfahrungen gesammelt. Meist bringt der Erfolg Freude, weckt aber zugleich Neugierde auf die Herstellung von Weichkäse. Das Gelingen ist ein Zeichen, daß Milch, Hygiene und eigenes Können ausreichen, um Schnitt- und Hartkäse zu probieren. *Das Produkt Käse ist sehr ehrlich, denn jeder Fehler kommt zu Tage.* Dieser kann und soll aber Ansporn für Verbesserungen sein.

Sie werden
- zuerst das Grundrezept genau versuchen,
- später Abweichungen zulassen oder andere Rezepte probieren,
- genau beobachten,
- Aufzeichnungen machen,
- bereit sein, dazuzulernen und
- Verbesserungen vornehmen, dort, wo es notwendig ist.

Es gibt im Rezeptteil *ganz einfache Käsesorten* und auch *recht komplizierte Käsearten*. Manche werden aus wenigen Litern Milch hergestellt und benötigen keine speziellen Geräte. Andere Käsearten erfordern große Milchmengen, und setzen geeignete Geräte, eine Käseküche und einen Reifungsraum voraus.
Ihren eigenen Möglichkeiten entsprechend, können die Rezepte anregen, diese abzuwandeln und so neue Käsevarianten auf den Tisch zu bringen, Käse mit ganz spezifischem Geschmack und Qualitätsmerkmalen herzustellen.
Käse aus Bauernhand und Käse aus der Molkerei haben ihren festen Platz im Lebensmittelangebot. Die Unterschiede und die große Vielfalt sind eine Bereicherung für die Nahrung. Die eigene Käsekreation, die „Hofmarke", die Freude am Werk und die zufriedenen Esser sind Bestätigung und Erfolg.
Wir wünschen gutes Gelingen!

ZUSAMMENFASSUNG DER VORAUSSETZUNGEN

- *Hygiene:* Sie beginnt im Stall, geht über Geräte, Verarbeitung, Lagerung und endet am Tisch. In dieser langen Kette von Handgriffen und Geräten muß alles stimmen.
- *Milch:* Frischmilch, pasteurisiert oder unpasteurisiert, nur von bester Güte, ist zu verwenden. Dazu sind die Art und die Haltung der Tiere, das Futter, die Hygiene etc. sowie auch die Jahreszeit von Bedeutung.
- *Säuerung:* Vorgesäuerte, teilweise gesäuerte oder saure Milch ist mitbestimmend für die Käseart.
- *Fettgehalt:* Der Fettgehalt der Milch bestimmt den Fettanteil im Käse. Er wird durch Entzug oder Zugabe von Rahm beeinflußt.
- *Säurewecker und Kultur:* Es ist ratsam, der Frischmilch zur Vorsäuerung Säurewecker wie Buttermilch, Sauer- oder Dickmilch, Sauerrahm, zuzufügen. Pasteurisierte Milch *muß* mit Säurewecker „geimpft" werden.
  Camembert- oder Gorgonzolakulturen werden der Milch meist bereits mit dem Säurewecker beigemischt.
- *Lab:* Labgüte und Labmenge sind für die Dicklegungszeit mitbestimmend. Die Mengenangaben im Buch sind für *Labstärke 1:15.000 angegeben.*

- *Gewürze und Kräuter:* Durch Gewürze und Kräuter wird der Käse im Geschmack verändert. Kräuter und trockene Gewürze werden vor dem Zufügen kurz aufgekocht.
- *Sonstige Zugaben:* Wasser sollte bakteriell überprüft sein.

Pasteurisierter Milch wird vor dem Einlaben Calciumchlorid ($CaCl_2$) beigemischt. Es gilt als *„Käsereisalz"* und muß beim Verkauf deklariert werden.

Sonstige Käsereisalze sind in der bäuerlichen Käserei nicht erforderlich. Auf Farbzusätze (Safran, Orlean) kann im allgemeinen verzichtet werden.

- *Temperatur:* Die Höhe der Temperatur bei der Verarbeitung, Reifung und Lagerung ist entweder genau nach dem Rezept einzuhalten bzw. je nach Erfahrung oder Versuch veränderbar. Die Temperatur ist mitbestimmend für die Art des Käses, die Dauer der Verarbeitung und Reifung, wie für die Güte des Käses. Es muß mit Thermometer gearbeitet werden.
- *Zeit:* Die Dauer der Handgriffe, der Wartezeit, der Reifung des Käses sind jeweils im Buch angeführt. Da Käse ein lebendes Produkt ist, ist die Zeit als solche nicht fixierbar. „Das Zeitl" mehr oder weniger ist jedoch Beobachtungs- und Erfahrungssache.

- *Umweltklima:* Der ganze Umraum, die Käseküche, der Reifungsraum, aber auch die Außenluft (Bergregion, Industriegegend, werden die umliegenden Felder gerade gedüngt), das Wetter (ist Gewitter, Sommer, Winter etc.), der Mondstand, die eigene Verfassung, die Zuwendung: Alles spielt eine gewisse Rolle und erfordert Aufmerksamkeit.

- *Zusammenhänge:* Die oben erwähnten Kriterien sind eng miteinander verbunden. Selbst kleine Ursachen haben ihre Wirkung.

Maßnahme	Grund	Wie? Wann?	Besonderes
Säurewecker-zugabe	Unterstützung der milcheigenen Bakterienflora, Vorreifen, Geschmacksbildung, Unterdrücken unerwünschter Keime	1–5% Butter-, Sauer- oder Dickmilch, saurer Rahm oder spezielle Mischkultur zum Weiterzüchten	aus dem Paket, Labor oder Reformhaus. Kulturen können mit einiger Übung selbst gezüchtet werden
Labzusatz	Dicklegen, besseres Entmolken, festerer Käse	je nach Rezept; kleine Änderungen haben enorme Wirkungen	wurde Milch pasteurisiert: $CaCl_2$-Zugabe
Verschöpfen	bessere Verteilung des Milchfettes	kurz vor dem Schnittzeitpunkt	je behutsamer, desto besser; muß aber nicht gemacht werden
Schneiden	gleichmäßiges Entmolken, je kleiner der Bruch, desto fester wird der Käse	nach Schnittprobe; zu früh: Verluste zu spät: Bruch bildet Haut, läßt Molke schlechter austreten	gleichmäßig, behutsam
Bruchbearbeitung „Auskäsen“	festere Käse, Steuerung der Bakterienentwicklung, Entmolkung	Rühren, Nachwärmen („Brennen“), Waschen	vorsichtig und schonend, genaue Temperaturführung, exakt notieren! Raumtemperatur beachten!
Pressen und Wenden	Festerwerden der Käse, gleichmäßige Entmolkung und Durchsäuerung, guter Rindenschluß	je nach Rezept	Raumtemperatur beachten
Salzen, Reifen, Rindenpflege	Geschmacksbildung, Teigkonsistenz, Bakterienwachstum, Haltbarkeit	je nach Käsetyp	Temperatur und Luftfeuchtigkeit beachten

ALLGEMEINE HERSTELLUNGSANLEITUNG

Vorbereitung der Milch

a) Verarbeitungstemperatur

Der Käseraum sollte Zimmertemperatur haben und eher zu warm als zu kalt sein. Die Milch kann melkwarm bzw. bei etwa *20 bis 25 Grad* verarbeitet werden.

b) Zugabe von Säurewecker oder Säurestarter

Die Unterstützung der in der rohen Milch enthaltenen und äußerst wichtigen Milchsäurebakterien wird durch Säureweckerzugabe von 1–2% erzielt. Je stärker das Wachstum der „richtigen" Bakterien ist, desto geschmackvoller und cremiger wird der Topfen oder Käse. Es werden auch die fremden Keime dadurch wirksamer unterdrückt. Wurde pasteurisiert oder lange gekühlt (5–7 Grad), ist die Zugabe von Säurewecker unbedingt notwendig.

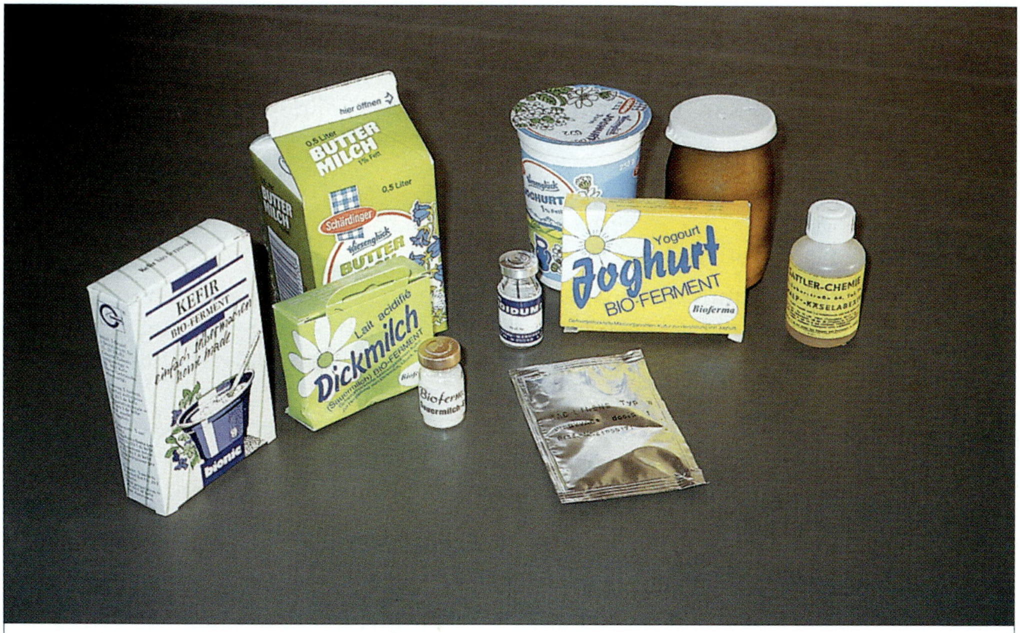

Die verschiedensten Kulturen zum Vorsäuern der Milch oder für spezielle Käsesorten sind im Handel oder im Molkereifachhandel erhältlich.

Pasteurisierter oder tiefgefrorener Milch muß unbedingt genügend Säurewecker zugesetzt werden.

Als Säurewecker können verwendet werden: Sauermilch (Dickmilch), Sauerrahm, Buttermilch, Molke, Kefir bzw. spezielle Säurekulturen aus einem Labor für Milchwirtschaft. Dickmilchkultur aus dem Reformhaus wird nach Anleitung hergestellt und in kleinen Portionen (in Eiswürfelsäcken) oder in Tagesportionen eingefroren. So ist immer frischer Säurewecker vorrätig. Eigene Sauermilch, Buttermilch, Molke oder Rahm müssen vor der Verwendung auf Güte überprüft werden. Gekaufte Sauermilch oder Buttermilch sind jedesmal frisch zu verwenden. Spezielle gefriergetrocknete Bakterienkulturen aus dem Molkereilabor geben bei großen Verarbeitungsmengen Sicherheit.

c) Spezialkulturen

Camembert, Rotschmiere und Gorgonzolakultur sind in Molkereilabors erhältlich.

d) Vorreifungszeit

Säurewecker und Spezialkultur werden der melkwarmen Milch bzw. der Milch bei 20 bis 25 Grad zugefügt. Die Zeit bis zum Einlaben kann je nach Rezept eine Viertelstunde bis 2 Stunden betragen. Ein Sauerwerden der Milch wird damit nicht angestrebt.

Labzusatz

a) Wirkung

Lab, das Enzym aus dem Kälbermagen, bewirkt ein Gerinnen der süßen (d. h. nicht sauren) Milch. Normalerweise wird mit kombinierter Lab-Säuregerinnung gearbeitet. Dominiert die Säure, erhält man Topfen. Das Lab dient dann nur zur Unterstützung der Dicklegung. Überwiegt das Lab, ist das Ergebnis ein festerer Käse.
Je mehr Lab, umso rascher wird der Käse dickgelegt, desto fester wird der Bruch und die Ausbeute ist umso höher. Der Käse wird aber dadurch geschmacksärmer. Bei zuviel Lab wird der Käse fad oder sogar bitter oder auch gummiartig sein.

b) Labmenge

Bei einer Labstärke von 1:15.000 wird mit 1 bis 6 Tropfen Lab pro Liter Milch gearbeitet. Schafmilch ist mit der halben Menge einzulaben, weil sie empfindlicher gegenüber Lab ist. Bei den Kuh- und Ziegenmilchrezepten kann daher die angegebene Labmenge halbiert werden, wenn Schafmilch verwendet wird. Vielfach ist auch die Labmenge nach eigener Erfahrung geringer oder höher als in den Rezepten angegeben.

c) Einlabtemperatur

Die Labmenge und die Einlabtemperatur bestimmen die Gerinnungszeit. Für den Bereich von 20 bis maximal 41 Grad gilt, je höher die Temperatur ist, desto rascher wirkt das Lab. Darunter kann das Lab nicht wirken, und darüber verliert es seine Labfähigkeit.

Endprodukt	gewünschte Dicklegungsart	Temperaturbereich Einlaben	ungefähre Labmenge	ungefähre Dicklegungszeit
Topfen	langsames Durchsäuern	20 bis 28 Grad	wenig: 4 bis 10 Tropfen auf 10 l Milch	24 bis 36 Std.
Frischkäse	Lab-Säure-gerinnung	23 bis 29 Grad	viel: 3 bis 6 Tropfen/l	6 bis 18 Std.
Weichkäse	Lab-Säure-gerinnung	30 bis 32 Grad	2 bis 3 Tropfen/l	1 Std.
Schnitt- und Hartkäse	Lab-Säure-gerinnung	32 bis 34 Grad	wenig: 1 bis 2 Tropfen/l	1/4–1 Std.

d) Labzusatz

Lab wird immer mit etwas lauwarmen Wasser verdünnt, damit es sich gut in der Milch verteilt. Nach sorgfältigem Umrühren wird der Dreh gestoppt und die Milch ruhig stehen gelassen. Der Topf wird nicht ganz luftdicht mit einem Deckel oder mit einem Tuch abgedeckt. Die Temperatur sollte während der Dicklegungszeit möglichst gleichbleiben.

Dicklegungszeit

Während der Dicklegung bilden sich Eiweiß-Calcium-Brücken. Daher darf der Topf während dieser Zeit nicht bewegt werden. Wird der Dreh bei hohen Einlabtemperaturen nicht gestoppt oder der Topf in der Dicklegungszeit stark bewegt, wird die Gallerte ungleichmäßig.

Die Dicklegungszeit ist umso kürzer, je höher die Einlabtemperatur ist und auch je mehr Lab verwendet wurde.

Bruchbearbeitung

a) Messerprobe

Führt man ein Messer in die bereits dicke Milch schräg ein, dreht es quer und hebt die Gallerte etwas hoch, bricht sie dann glatt und „steht" fest wie Pudding, ist ersichtlich, daß der Bruch weiterverarbeitet werden kann (Bild Seite 74). Ein weiteres Zeichen ist, daß sich die Gallerte vom Rand löst, wenn man auf sie drückt.

b) Bruchbearbeitung und Käsen

Die Bruchbearbeitung, das Käsen oder Auskäsen, ist je nach Käsesorte unterschiedlich.

Topfen: Verschöpfen *oder* Abfüllen
Abhängen lassen
eventuell pressen

Frischkäse: In 3–5-cm-Würfel schneiden *oder* verschöpfen
in konische, gelochte Formen abfüllen *oder* im Tuch abhängen lassen
nicht pressen
nach etwa 12 bis 24 Stunden umstürzen *oder* aus der Form bzw. aus dem Tuch nehmen
eventuell salzen und wenden

Weichkäse: verschöpfen *und/oder* in 5-cm-Würfel schneiden, später nochmals schneiden
in gerade, gelochte Formen abfüllen
mehrmals mit der Form wenden
aus der Form nehmen
salzen
eventuell mit Schimmelkultur besprühen *oder* mit Rotschmiere behandeln
1 bis 3 Wochen reifen lassen, dabei
täglich schmieren und wenden *oder*
einwachsen bzw. in Folie einschweißen *oder* räuchern

Schnittkäse: Bruch etwa in 1 cm große Würfel schneiden
Bruch umlegen
nachwärmen

rühren, auskäsen bis Bruch Erbsenkorngröße hat
Griffprobe
in gerade Formen mit Deckel abfüllen
pressen
öfters wenden
aus der Form nehmen
salzen
täglich wenden und schmieren *oder* einwachsen
Reifungszeit 1 bis 3 Monate

Hartkäse: Bruch in 0,5 cm große Würfel schneiden
Bruch umlegen oder verziehen
nachwärmen
rühren, auskäsen, bis Bruch Reis- oder Hirsekorngröße hat
eventuell „cheddern" oder andere Bearbeitung
Griffprobe
in gerade Formen mit Deckel oder Jerb (Holzreifen) abfüllen
stark pressen
6–8 mal wenden und dabei den Preßdruck erhöhen
nach ca. 24 Stunden aus der Form nehmen
salzen
täglich wenden und schmieren *oder* einwachsen
Reifungszeit 3 Monate bis zu 3 Jahren

Reifung

Die „Reifung" der Milch, das heißt deren Säuerung, setzt nach der Inkubationszeit nach dem Melken ein und dauert normalerweise bis zum Verzehr. Jedoch kann man durch Kühlen, Pasteurisieren, Hocherhitzen die Säuerung teilweise verhindern bzw. hinauszögern.
Nach der Verarbeitung der Milch zu Käse kann bzw. soll dieser noch einige Zeit reifen, durchsäuern und dadurch einen vollen Geschmack entfalten. Damit das stattfindet, muß der Käserohling meist in einem eigenen Reifungsraum gelagert und dabei täglich gepflegt werden. Spezielle Hinweise geben die einzelnen Rezepte. Je härter und größer die Käse allerdings sind, desto länger dauert die Reifungszeit. Da wird schon manchmal die Geduld herausgefordert.

FRISCHKÄSE

Laut Lebensmittelcodex (1990) sind Frischkäse *„ungereifte Käse"*, die unmittelbar nach der Herstellung konsumiert werden können. *Der Wassergehalt ist hoch (50 bis 80%), der Fettgehalt in der Trockenmasse (F.i.T.) ist je nach der Milch sehr unterschiedlich.* Topfen hat 10 bis 40%, Gervais 65 bis 70%, Schafmilchfrischkäse haben etwa 50 bis 60% F.i.T.
Um den wahren Fettgehalt von Frischkäse zu errechnen, kann man den F.i.T.-Wert mit 0,3 multiplizieren. So enthält zum Beispiel weicher Topfen mit 40% F.i.T. ca. 10 g Fett je 100 g Topfen.

Geräte zur Herstellung von Frischkäse und Topfen (Quark)

Für den Anfang sind keine neuen Geräte erforderlich, außer ein geeignetes Thermometer (möglichst mit Kunststoffgehäuse, mit einer Weingeistsäule). Alles andere ist in jeder Küche vorhanden.

Auf einem Gitter liegt die Abtropfmatte und darauf stehen Formen aus Kunststoff für Frisch-, Weich- und Hartkäse.

Milchtopf oder Milchschüssel
Thermometer
Schneebesen
langes Messer oder Kuchenpalette
Nudelsieb aus Edelstahl oder emailliert oder
neues Windeltuch, Nesseltuch, feines Baumwoll- oder Leinentuch
Schöpfer und gelochter Flachschöpfer

Erst wer eine Herstellung von Frischkäse in größerem Stil beabsichtigt, sollte sich auch arbeitstechnische und organisatorische Verbesserungen überlegen.
Passende und genügend Käseformen, weitere Geräte, ein Käsekessel oder ein fix installiertes Wasserbad, ein eigener Käseraum, ein Reifungsraum, eventuell ein Verkaufsraum werden notwendig sein.
Für die tägliche Verarbeitung der größeren Milchmengen werden folgende Geräte und Einrichtungen benötigt:

Milchtöpfe und Deckel	Abtropfbretter
Käsebretter	Milchbecher
Schöpfer	gelochte Käseformen
Thermometer	Preßdeckel
Pipette oder Tropfenspender	Käsepresse
Flachschöpfer	Zerstäuberflasche
Tücher zum Bedecken oder Käsehaube	Kühlschrank
Fliegengitter	Reifungskeller oder -raum
Wasserbad	Regale
Käsekessel	Verpackungsmaterial
Messer oder Käseharfe	Waage
Molkeabtropfwannen	Hygrometer

TOPFEN ODER QUARK

ALLGEMEINE ANLEITUNG ZUR HERSTELLUNG VON TOPFEN

Milch wird im Alpenraum traditionell zu Topfen verarbeitet. Jede Region, jede Familie hat ihre eigenen Rezepte, die die verschiedensten Topfensorten ergeben: feuchter, trockener, cremiger, lockerer schnittfester Topfen oder Bröseltopfen.

1. Sauermilchtopfen

- Milch sauer werden lassen
- vorsichtig erwärmen, bis sich der Topfen absondert
- in Sieb oder Tuch abseihen
- eventuell pressen
- eventuell zu verschiedenen Topfenkäsen weiterverarbeiten

In frische, *rohe Milch wird 1–3% Säurewecker* (gute Sauer- oder Buttermilch, Molke) gegeben und gut umgerührt. *Bei 20 bis 22 Grad* läßt man den Topf *2 bis 3 Tage ruhig,* mit einem Tuch oder einem Deckel *abgedeckt, stehen.* Wenn die Milch dann dick ist, wird sie im Wasserbad oder am Herdrand *vorsichtig erwärmt,* gelegentlich umgerührt, bis der Topfen *ausflockt und sich die Molke absetzt.* Nun wird der Topfen vorsichtig in ein Sieb oder ein *feuchtes Tuch geschöpft* oder gegossen, über einem Topf aufgehängt, so daß die Molke abrinnen kann. Die *Raumtemperatur für die Entmolkung ist 15–17 Grad.* Ist die Temperatur zu niedrig, entmolkt der Topfen nur schlecht. Damit die Molke schneller abrinnt, kann der Topfen im Tuch oder im Sieb gepreßt werden. *Durch höhere Auskäs-Temperaturen und kräftiges Pressen wird der Topfen trocken und fest.*
Fertiger Topfen wird möglichst bald gegessen, eventuell etwas gesalzen, verpackt und gleich kühl gelagert, da er sonst rasch verheft. Wurde die Milch pasteurisiert, ist Topfen länger haltbar. Er kann auch eingefroren werden.

2. Labtopfen

- Temperatur der Milch 20–25 Grad bzw. melkwarm
- frische, rohe Milch mit 1–2% Säurewecker ansäuern
- nach 1 bis 2 Stunden max. 1 Tropfen Lab pro Liter Milch
- Dicklegungszeit 12 bis 24 Stunden (je nach Labmenge und Milchtemperatur)
- Schnittprobe
- Bruch in 5–8 cm große Quadrate schneiden
- Abfüllen in ein Tuch oder in Formen

– Entmolkung mehrere Stunden bei niedriger Raumtemperatur
– eventuell ein wenig salzen
– verpacken und kühlen

Statt Vollmilch kann auch entrahmte oder teilentrahmte Milch genommen werden. Die *Säurekultur* wird der Milch entweder *gleich nach dem Melken oder nach der Erwärmung auf 20–25 Grad zugefügt.*

Je nach den eigenen Möglichkeiten, Wünschen und der gewünschten Säuerung, wird nach einer halben Stunde bis zwei Stunden, bei manchen Rezepten nach 10 Stunden, bei etwa *20 bis 25 Grad Lab zugegeben,* gut verrührt und der Topf ruhig gestellt. Gegen Fliegen schützt ein Tuch oder Gitter.

Die *Temperatur* der Gallerte *sollte* während des Dicklegens *nicht absinken.* Daher wird der Raum temperiert gehalten. Der Topf sollte nicht auf kalten Stein- oder Kunststoffplatten stehen. Gegebenenfalls kann er mit einem Tuch umwickelt oder in eine Kochkiste gestellt werden.

Die Messerprobe: Deutlich sieht man die Festigkeit der Gallerte.

Schneller Topfen wird durch mehr Labzugabe und bei etwas höherer Temperatur gemacht. Aber wir sollten bedenken: je länger die Milch zum Stocken braucht, umso höher ist die Ausbeute. Ist die Milch dick, kann sie geschnitten werden.

Wann ist die Milch dick genug?

Man macht eine Probe, um festzustellen, ob geschnitten werden kann:

Messerprobe:
Ein breites Messer wird schräg in die Gallerte geführt und flach gewendet langsam herausgehoben. Wenn der Bruch glatt (wie Pudding) auseinanderfällt, ist der Schnittzeitpunkt erreicht. Verfließt die Schnittstelle wieder, muß noch gewartet werden.

Fingerprobe:
Käsereimeister machten die Schnittprobe früher mit dem Finger. Das Prinzip ist das gleiche. Es wird der Finger seicht eingetaucht und vorsichtig wieder herausgehoben. Man kann auch die Gallerte am Topfrand leicht drücken. Wenn sie stabil genug bleibt und sich vom Topfrand löst, ist sie fertig zum Schneiden.

Es ist wichtig, den *richtigen Schnittzeitpunkt* für Labtopfen oder Käse herauszufinden.

Wird zu früh geschnitten, war die Gallerte noch nicht fest genug, noch nicht fertig vernetzt. Die Schnitte bleiben nicht sichtbar. Es ergibt eine geringe Ausbeute. Viel Eiweiß geht als „Staub" in die Molke ab. Diese ist daher milchig weiß. Durch längeres Warten bis zur Weiterverarbeitung kann eventuell noch etwas verbessert werden.
Wird zu spät geschnitten, ist der Bruch bereits zu fest. Er hat sich schon zusammengezogen und eine Haut gebildet. Eine Verbesserung kann durch feineres Schneiden und vorsichtiges Pressen erzielt werden.

Durch Beobachtung und Erfahrung bekommt man ein sicheres Gefühl für den richtigen Moment, und der Erfolg wird sich einstellen.

Wie wird die Gallerte geschnitten?

Je nach Käseart wird gröber oder feiner geschnitten. Die Schnitte müssen sichtbar bleiben und die Molke soll sofort austreten.
Die Gallerte für Topfen und Frischkäse wird mit einem langen Messer senkrecht *in 3–5 cm große Würfel geschnitten.* Man läßt den Topf ruhig stehen. Die Molke tritt in den nächsten 1–4 Stunden weiter aus, und der Bruch festigt sich. Dann wird abgefüllt.

Die Käsemasse wird ins Tuch gegossen.

An den Tuchzipfeln wird der Käse hochgehoben.

Der Topfen wird im Tuch über einer Schüssel aufgehängt und entmolkt.

Nach einiger Zeit wird die Topfenkugel im Tuch umgedreht und nochmals aufgehängt.

Abschöpfen des Käsebruchs

Wird der Bruch in Käseformen, Tücher oder Becher abgeschöpft, rinnt die Molke weiter ab, bis der Käse beim Herausnehmen oder Stürzen trocken genug ist oder die Form behält. Die Entmolkungszeit ist von der Raumtemperatur abhängig. Diese soll zwischen 15 und 20 Grad liegen. Es kann auch leicht gepreßt werden, um die Zeit zu verkürzen.

- Topfen enthält umso mehr Molke und Mineralsalze, je weicher er ist.
- Wird Topfen nicht sofort gegessen, kann er gesalzen werden.
- Er schmeckt frisch am besten.
- Er ist nicht lange haltbar, daher gleich luftdicht verpacken und kühlstellen.
- Eine Weiterverarbeitung mit Salz, Gewürzen und Kräutern ergibt die verschiedensten geschmacklichen Variationen.

TOPFENREZEPTE

1. Sauermilch- oder Buttermilchtopfen

Gut geronnene, frische Sauermilch oder Buttermilch (aus der bäuerlichen Butterei), oder ein Gemisch davon, wird *schonend auf etwa 45 Grad erwärmt* und gelegentlich gerührt, bis sich der Topfen von der Molke absondert. Er wird überkühlt *abgeseiht und entmolkt.*

– *Je wärmer die Milch wird,* desto fester, trockener und bröseliger wird der Topfen.
– *Je kühler die Milch* vor dem Abseihen war, desto weicher und cremiger wird Topfen.

2. Magermilchtopfen

Rohe Magermilch wird auf *25 Grad erwärmt* und mit *2–4% Säurewecker* versetzt. *Nach 1 Stunde wird 1 Tropfen Lab pro Liter zugefügt.* Die Temperatur sollte während der Dicklegungszeit (4 bis 6 Stunden) gleich bleiben. Nach der *Schnittprobe* wird der Bruch in *2–3 cm große Würfel* geschnitten und nach einiger Zeit, wenn sich bereits etwas Molke abgesetzt hat, *auf 35–40 Grad nachgewärmt,* wobei die Masse sehr vorsichtig gerührt werden muß. Dann wird in *Tücher oder Formen abgefüllt;* etwas abtropfen lassen und anschließend *pressen,* bis der Topfen die gewünschte Konsistenz hat.

3. Magermilchtopfen aus pasteurisierter Milch

Pasteurisierte, abgekühlte *Magermilch* wird mit *Calciumchlorid* ($CaCl_2$) *– 1 g je 10 Liter Milch* – und *bei 20–22 Grad mit 1% Säurewecker* versetzt. Nach 2 Stunden kann *etwas Lab* (1 Tropfen auf 2 Liter Milch) beigegeben werden. Die Milch soll sehr langsam dick werden. (Daher die niedrigen Temperaturen und die nur geringe Labmenge.) Je nach Raumtemperatur ist die Gallerte in 12–24 Stunden fest. Nach der *Schnittprobe* wird die Gallerte in *2 bis 3-cm-Würfel* geschnitten und nach 30 Minuten in *Tücher* oder Leinensäcke *abgefüllt.* Die gefüllten Säcke werden zum Abtropfen der Molke in einem Raum, der 15–20 Grad haben soll, *aufgehängt.* Der *Käsebruch wird öfter in den Tüchern gewendet,* damit er gleichmäßig entmolkt. Nach 6 Stunden kann der Topfen in den Tüchern *gepreßt* werden.

4. Fetter Rahmtopfen

1 Liter Vollmilch und 1 Liter Rahm werden gemischt und mit *3 EL Säurewecker* versetzt. Nach einer halben Stunde wird *auf 24 Grad erwärmt.* Dann werden *6 Tropfen Lab* hinzugefügt und gut umgerührt. Abgedeckt bleibt der Topf in einem temperierten Raum bei

20–25 Grad stehen. Die Milch soll *langsam durchsäuern* und erst *nach 8–12 Stunden dick* sein. Dann wird die Gallerte *geschnitten,* nach 15–20 Minuten Pause in ein Seihtuch gegeben und in einem kühlen Raum *zum Abtropfen aufgehängt.* Der Topfen wird mehrmals im Tuch durchmischt und wieder aufgehängt. So kann die Molke gut und gleichmäßig abtropfen.

5. Joghurttopfen

Joghurt wird in ein *feines Tuch* gegeben und *entmolkt.* Wenn der Joghurttopfen fest genug ist, wird er etwas *gesalzen, kleine Kugeln* (1–3 cm) geformt, die *gleich in Öl gelegt* werden. Die Haltbarkeit ist so bis zu 3 Monaten gegeben. Sonst sollte er tagfrisch gegessen werden, weil er sehr rasch nachsäuert. Je älter das Joghurt war, desto saurer ist natürlich der Topfen.

6. Kefirtopfen

Fertiger, trockener Topfen und Kefir werden im Mixer gut vermischt. Das ergibt einen sämigen, feinen Topfen.

WEITERVERARBEITUNG VON TOPFEN

Die nachstehenden Rezepte werden *nur aus einwandfreiem, frischem Topfen hergestellt.* Übriggebliebener, säuerlicher oder verhefter Topfen darf keinesfalls mehr weiterverarbeitet werden.

Nur ein einwandfreies Ausgangsprodukt kann gute Käsequalität bringen!

1. Liptauer

Topfen wird mit Salz, Kümmel, Paprika, feingehacktem Zwiebel oder Schnittlauch, eventuell mit kleingeschnittenen sauren Gurkerln, Knoblauch oder Kapern vermischt. Mit Butter, süßem oder saurem Rahm wird der Fettgehalt erhöht. Im Mixer kann man, um einen besonders cremigen Topfen zu erhalten, etwas Joghurt untermischen.

2. Paprikatopfen

Topfen wird mit Butter oder Rahm, Salz, Petersilie und fein geschnittenem, frischem, grünem und rotem Paprika vermischt.

3. Mosaiktopfen

Der fertige Topfen wird gesalzen und in 2 Teile geteilt. Ein Teil wird mit Paprika, ein Teil mit Kümmel oder Kräutern gemischt. Nun wird der Topfen jeweils in eine flache Kastenform gedrückt, die mit feuchtem Pergamentpapier oder einer Backfolie ausgeschlagen wurde. Wenn der Topfen etwas trockener geworden ist, wird die Form abgehoben und der Käse mit einem Faden in 1 cm Schnitten geteilt. Diese werden dicht an dicht abwechselnd zu einem Käseziegel zusammengefügt, nochmals geschnitten und serviert. Wird der Topfen nicht gleich gegessen, wird er verpackt und sehr kühl gelagert.

4. Topfenrolle

Sehr cremiger Topfen wird auf einer Backfolie, einer Kunststoffolie oder einem feuchten Butterpapier etwa 1 cm dick ausgebreitet. Darüber kommt eine Schicht weichgerührter Butter, und darauf werden trockene Kräuter oder Kräutersalz gestreut und eine Rolle in Form einer Biskuitroulade geformt. Vor dem Servieren werden mit einem Faden oder einem dünnen Messer Scheiben abgeschnitten. Der Topfen kann auch im Mixer mit Rahm oder Butter abgetrieben werden. Dann entfällt die Butterschichte.

5. Kräutertopfen

Topfen kann schon während des Verschöpfens mit Kräutern – Kümmel, Pfeffer, Paprika, geriebenem Kren oder Nüssen – vermengt werden.
Vielseitiger verwendbar ist der Topfen, wenn erst vor dem Servieren die Kräuter beigemischt oder darübergestreut werden.

6. Süßer Topfen

Topfen wird mit Honig oder Zucker, Marmelade oder Früchten vermischt.

7. Topfenroulade „Rollino"

Frischer, ungesalzener, nicht zu feuchter aber keinesfalls bröseliger Topfen (oder Frischkäse) wird gemixt oder glatt abgerührt, bis die Masse cremig ist. Die homogene Masse streicht man gleichmäßig auf Back- oder Alufolie rechteckig, etwa 8–10 mm dick auf, streut frischen oder tiefgefrorenen Schnittlauch, Dill, roten Paprika, Kümmel, Pfeffer oder eine Kräutermischung darauf und rollt das Ganze wie eine Biskuitroulade ein. Nun wird die Oberfläche mit einer Palette glattgestrichen, die Roulade mit Kräutern bestreut oder über aufgestreute Kräuter gerollt.

Fein abgetriebener Käse oder Topfen wird etwa 1 cm dick ausgebreitet und mit Kräutern (z. B. Schnittlauch) bestreut.

Wie ein Strudel wird die Käserolle geformt.

Die fertige Rolle wird über feingeschnittenen Schnittlauch oder andere Kräuter gerollt.

Zwei fertige Käserollen.

Mosaiktopfen ist eine Variante des Liptauers.

Wird Pergamentpapier verwendet, müssen Topfen und Papier vor dem Einrollen in den Kühlschrank gestellt werden, um ein gutes Ablösen vom Papier zu garantieren.

Vor dem Servieren werden mit einem Faden Scheiben abgeschnitten.

8. Kräutertopfen-Käsetorte

Die Weiterverarbeitung des Topfens ist gleich wie bei der Roulade, doch wird der Topfen lagenweise (10 mm Topfen, eine dünne Schichte Kräuter) in eine Tortenform oder einen Jerb gedrückt. Die Topfentorte bleibt einen Tag in der Form, wird dann herausgenommen und rundum mit Kräutern bestreut.

MAGERMILCHTOPFEN-KÄSEREZEPTE

Die Haltbarmachung wie die Verwertung der Vollmilch ergeben auch die verschiedensten Varianten von Käsen aus Magermilchtopfen. Es wird demnach die Milch zentrifugiert (geschleudert), um Rahm, Sauerrahm und Butter zu gewinnen, Buttermilch zu Topfen und saure Magermilch zu Topfen und gereiften Käsen zu verarbeiten. Aus Molke wird noch Zieger und Ziegerkäse gemacht, ein Teil der Klarmolke wird zur Seiredherstellung, als Getränk, der Rest noch als Viehtrank verwendet. So werden zum Beispiel aus 100 l Vollmilch ungefähr 5 kg Butter und 7 l Buttermilch, 6 kg Steirerkas sowie Molke und deren Produkte gewonnen.

1. Lungauer Topfenkäse

Magermilch wird mit *Säurewecker* geimpft und warm aufgestellt. Dicksauer wird sie *langsam auf 45 bis 50 Grad* erwärmt, bis sich die Molke absetzt. Der Topfen muß dabei ganz trocken werden. Er wird im Tuch *gut entmolkt*, mit Salz, Pfeffer, Kümmel, eventuell rotem Paprika oder Majoran *gewürzt*.

Die Masse wird *in gelochte, gerade Käseformen fest hineingedrückt* und zum Reifen aufgestellt. In etwa 10 Tagen ist der Käse bei mittleren Temperaturen durchgereift.

- Je kühler die Reifungstemperatur ist, desto fester muß der Käse in die Form gepreßt werden.
- Lockeres Schichten ergibt bei eher wärmeren Reifungstemperaturen gute Ergebnisse.
- Ungleichmäßiges Reifen, außen zu weich und innen noch topfig und unreif, wird durch Temperaturregelung verhindert.

2. Topfkäse, Stöcklkas

Bei geringen Tagesmengen wird Topfen von 3 Tagen in einer Form übereinandergeschichtet. Der Topfen in der Form wird *an der Oberfläche aufgelockert,* bevor neuer Topfen daraufkommt, und wird *gepreßt.* Nach einigen Tagen Reifung ist er fertig. Je länger er reift, desto intensiver wird der Geschmack. Eine weitere Geschmacksveränderung kann mit Kräutern erzielt werden.

3. Topfenkäse

Gut trockener Topfen wird in eine Schüssel gebröselt und mit Salz, Pfeffer oder getrockneten Kräutern gut vermischt. Dann wird er *in konische, gelochte Käseformen gedrückt,* mit einem Tuch abgedeckt und an warmer Stelle stehen gelassen. Nach 24 Stunden wird der Käse aus der Form *auf ein Käsebrett gestürzt* und 2 weitere Tage offen stehen gelassen. Daraufhin wird er in ein mit in Molke, Bier oder Rotwein befeuchtetes Tuch eingeschlagen. Er *reift bei 15–18 Grad* in 4–8 Tagen.

4. Geräucherter Topfenkäse

Der gesalzene, aber sonst ungewürzte „Topfenkäse" wird zum Trocknen stehen gelassen und inzwischen von Zeit zu Zeit mit kühlem Rauch von Wacholder, Rosmarin oder Holunder *sanft geräuchert.* 1–2 Wochen reift der Käse und ist innen grau und weich und außen gelblich. Er schmeckt scharf und würzig.

5. Käse von Neuchâtel

Diese Käse sind *zylindrisch,* mit einem Durchmesser von 5 cm und 8 cm hoch. Es gibt eigene Formen dafür und eine Vorrichtung für das Pressen. Wir behelfen uns vorerst mit unseren Geräten, solange wir nur geringe Mengen dieses Käses erzeugen.

Ganz frische Vollmilch wird in einem Raum mit 15 Grad *in Steinguttöpfen vorgesäuert,* in eine Kochkiste gestellt oder sonst auf gleichmäßig langsam absinkender Temperatur gehalten. Nach 24 Stunden wird die Gallerte *grob geschnitten* und der Bruch *in ein Tuch gegeben, das in einem Weidenkorb liegt.* 12 Stunden benötigt die Molke zum Ablaufen. Danach wird der Bruch mit dem Tuch aus dem Korb gehoben und in eine *gelochte Holzform* gegeben, zugedeckt und beschwert.

Nach weiteren 12 Stunden wird der Käse durchgeknetet, in die kleinen Käseformen gegeben und fest gepreßt. Nach einiger Zeit werden die Laibchen aus den Formen genommen, rundum gesalzen und auf ein Brett zum Abtrocknen gestellt.

Nach 24 Stunden kommen die Käse in den *Reifungsraum,* wo sie auf Strohmatten gelegt werden. Die Käse werden hier oft gewendet. Sie entwickeln in 3 bis 4 Wochen einen grünlich-blauen Schimmel. *Zu Beginn kann der Raum mit Grünschimmel ausgesprüht werden.*

> *Pilzkulturen* entwickeln sich auf Käse sehr rasch. Da es nicht ungefährlich ist, diese Kulturen wild wachsen zu lassen, *wird das entsprechende Raumklima durch Versprühen der gewünschten Kultur geschaffen.* Reift in einem Keller oder einer Höhle seit alters her Käse, ist das Raumklima stets gleich, wenn nicht Fremdbakterien eingeschleppt werden.

Nun kommen die Käse in einen anderen Raum, werden wieder auf frischem Stroh gelagert und bleiben dort 3 Wochen, wo sie rötliche Pilze dem Raumklima entsprechend entwickeln sollen. Dann sind sie nach weiteren 2 Wochen fertig gereift.

6. Tiroler Graukäse

Dieser in den Alpen traditionell gefertigte Topfenkäse entwickelt graugrüne Schimmelpilze (Milchschimmel und Kellerschimmel), die im Reifungsraum kultiviert werden.
Magermilch wird mit *Säurewecker* geimpft und *in 12 Stunden bei 20 Grad dickgelegt.* Je nach Erfahrung wird diese auf 35 bis 45 Grad erwärmt. Der Topfen sollte im Kessel nach oben steigen und wird weitere 12 Stunden so stehen gelassen.
Dann wird *geschnitten, umgeschichtet* und vorsichtig *auf 50 bis 55 Grad erwärmt.* Der Topfen soll trocken und krümelig werden.
Rasch wird er *abgeschöpft, entmolkt und gepreßt.* Er soll dabei nicht auskühlen. Immer noch warm wird er *mit den Händen verrieben* und mit *3% Salz* und etwas Pfeffer vermischt, in eine *gelochte Form* oder einen Jerb gefüllt und 12 Stunden lang mit hohem Druck gepreßt. Aus der Form genommen, sollte der Käse eine *feste, geschlossene Oberfläche* haben.
Zum Reifen werden die Käse in einem *trockenen, warmen Raum* aufgestellt. Die Laibe werden *täglich gewendet* und auf trockene, frische Bretter gelegt. Wenn der Käse feine Risse bekommt, wird er in einen *feuchten Reifungskeller* gelegt, wo alle Käselaibe täglich gewendet werden und noch 3 bis 4 Wochen reifen. Der im Reifungsraum *kultivierte, graugrüne Schimmel* setzt sich an und der Käse kann zur besseren Durchwachsung angebohrt und mit Bier oder Wein befeuchtet werden.
Wenn der Geruch stechend, aber noch nicht penetrant ist, ist der Käse durchgereift. Er wird mit Essig, Öl und Zwiebel angerichtet.

7. Steirerkas

Diese obersteirische Spezialität wurde bereits im 17. Jh. urkundlich erwähnt. Er war ein wichtiger Bestandteil der Nahrung von Bergknappen.

Ähnlich dem Tiroler Graukäse ist der Steirerkas grünlichgrau oder graubraun, aber lockerer und bröseliger. Er hat einen scharfen Geruch und einen pikanten, salzigen Geschmack.
Er wird aus Magermilch in 3–4 kg schweren Laiben hergestellt und findet unter anderem als Füllung der „Ennstaler Krapfen" Verwendung.
Zentrifugierte *Magermilch wird mit 2% Säurewecker* im großen Kupferkessel vermischt und bleibt bis zur vollständigen Gerinnung *bei 22 bis 24 Grad* stehen. Die Molke soll über den Topfen aufsteigen und wird dann abgegossen. Der Topfen wird nun vorsichtig, *unter ständigem Rühren, erwärmt.* Die Temperatur ist je nach Erfahrung *50, ja sogar bis 70 Grad.* Gleich wird mit kaltem Wasser *abgeschreckt,* ein zweites Mal *erhitzt und kalt abgeschreckt,* und der Topf anschließend vom Feuer genommen und 2 Stunden lang stehen gelassen.
Danach wird der Topfen *im Tuch entmolkt.* Schließlich wird er mit warmem Wasser *gewaschen,* bis das Wasser am Schluß ganz klar abrinnt. Dann wird er *im Tuch gepreßt.* Je trockener und krümeliger er ist, desto besser wird der lang reifende Käse.
Nach dem Pressen wird er *verrieben* oder in der Topfenmühle vermahlen, mit Salz, Pfeffer und Kümmel vermischt und *fest in Holzbottiche, Jerbs oder Formen gedrückt* und gepreßt. Nach 5–6 Stunden wird der Käse bereits auf ein Brett gestürzt.
Auf den Almen wird da und dort der Käse auf hölzernen Horden über der Feuerstelle reifen gelassen. Der Rauch streicht über die Laibe und hält sie so bakterienfrei.
Meist wird er aber *bei 22–24 Grad gelagert,* bis der Käse feine Sprünge in der Oberfläche zeigt. So kommt er in den kühlen (15–17 Grad), feuchten *Reifungskeller.* Bei 85–90% Luftfeuchte soll er 3 Monate reifen und vorerst täglich, später seltener gewendet werden.

8. Vorarlberger Sauerkäse (Sura Kas)

Dieses Rezept ist eines der ältesten im deutschsprachigen Raum. Der aromatische, quargelartige, mild-feine Sauermilchkäse wurde wahrscheinlich schon von den Rätoromanen gemacht.
Dieser Käse wird nach langer Tradition in 1/2-kg-Ziegel oder in 2-kg-Laiben aus Magermilch hergestellt. Er ist wie der Graukäse und Steirerkas ein Nebenprodukt der Butterei.
Die richtige Säuerung und Bearbeitung ergibt einen speckigen Käse mit einem weißen, topfigen Kern. Die Anschnittfläche ist glänzend gelb. Er hat einen kräftigen, deftigen, oft scharfen Geschmack.
Magermilch wird im Käsekessel der Säuerung überlassen. Durch *Beigabe von Molke vom Vortag* oder Säurewecker (5% Sauermilch von der letzten Partie) wird die Milch bei *30 Grad in 4–5 Stunden dickgelegt.*
Die Gallerte soll recht fest sein und wird dann *geschnitten, verzogen und gerührt.* Gleich-

zeitig *erwärmt man auf 40 Grad,* bis der Bruch die richtige Festigkeit hat. Nun schöpft man die Käsemasse aus und *füllt in Formen* oder Formtische. Bis die Molke abgeronnen ist, wird *leicht gepreßt.* Die eckigen Käse werden nun in die richtige Größe geschnitten und 24 Stunden *ins Salzbad gelegt.* Man kann aber auch trocken salzen.
Den Käse legt man auf ein Käsebrett und gibt ihn in den *Reifungsraum,* der 18 bis 20 Grad haben sollte. Nach 4 bis 6 Wochen sind die Käse gut durchgereift.

9. Einfacher Kochkäse

(„Gsottner, Aufkochter, A'gfäulter Kas")

1 kg sehr *trockener Magertopfen* („Industrietopfen") wird in einer großen, *flachen Schüssel ca. 2 cm hoch* aufgebreitet und, mit einem Tuch zugedeckt, an einen warmen Platz gestellt. Täglich wird der Topfen *umgeschichtet,* und dabei werden die größeren Brocken zerbröselt. *Ist der Topfen glasig,* das heißt ganz durchgereift, wird ca. *1/2 bis 3/4 l Milch* gesalzen, mit Kümmel versetzt, *aufgekocht* und vom Herd genommen. *Der Topfen wird darin* unter kräftigem Rühren geschmolzen, nochmals unter ständigem Rühren kurz *aufgekocht,* bis sich die Masse gut verbunden hat. Etwas überkühlt kann ein Eidotter untergerührt werden.
Nun werden Glas- oder Keramikschüsseln mit kaltem Wasser ausgeschwenkt, die noch warme, flüssige Masse *eingegossen und kühlgestellt.* Bildet der Käse eine Haut und verrinnt nach Herausnehmen einer Portion, ist er „richtig" gelungen.

- Ist der Topfen zu grob, reift er langsamer durch, kann er leicht verderben. Er wird durch den ganz sauberen Fleischwolf gedreht und dadurch gleichmäßig fein.
- Der Topfen darf keinen Schimmel angesetzt haben!
- Ist der Topfen sehr trocken, wird mehr Milch gebraucht.
- Wird weniger Milch verwendet, wird der Käse fest.
- Ist der Topfen nicht ganz durchgereift, wird der Kochkäse bröckelig.
- Die Raumtemperatur ist beim Reifen zu beachten. Natürlich wird der Topfen immer gut mit einem Tuch abgedeckt. In einer zu kalten Küche gelingt er nicht.
- Beim Aufkochen brennt der Käse leicht an. Ein Wasserbad ist zu empfehlen.
- Auch erfahrenen Bäuerinnen gelingt nicht jeder Kochkäse!

Fast jede Bäuerin hat ihr „Geheimrezept". So gibt es verschiedene Varianten:

- Der Topfen wird auch in kochendem Wasser oder gewässerter Milch geschmolzen. Das ergibt einen anderen Geschmack.
- Gefärbt wird mit Eidotter.
- Gestreckt wird der Käse durch Einrühren von einem „Gmachl" aus Mehl und Rahm.
- Gewürzt wird mit Kümmel, Pfeffer und Salz.

Der Topfen wird nach einigen Tagen zum Teil schon durchgereift und gelblich sein. Die größeren Brocken sind aber noch weiß. Verarbeitet man diesen Topfen so weiter, wird der Kochkäse bröckelig. Verarbeitet man ihn zum richtigen Zeitpunkt, wird er durch und durch cremig weich.

Glundner ist ein fester Kochkäse, dem noch frischer Topfen beigemischt wurde.

10. Kochkäse, Röstkäse, Glundner

Wird *1 kg durchgereifter Topfen* verarbeitet, läßt man *10–20 dag (100–200 Gramm) Butter* oder Butterschmalz in einem Topf zergehen. Unter heftigem Rühren wird der *reife Topfen dazugegeben* und *geschmolzen*, gesalzen, mit Kümmel und Pfeffer abgeschmeckt und *1/2 bis 3/4 l kochende Milch untergerührt*. Eventuell können 100 g frischer, bröckeliger Topfen eingemischt werden. Noch heiß füllt man ihn in eine kalt ausgeschwenkte Schüssel. Wenn wenig Milch zugegeben wird, kann er kalt auf einen Teller gestürzt werden.

Statt Topfen kann auch überreifer Quargel verwendet werden.

11. Quargel

Quargel wird seit 1770 kommerziell im tschechischen Olmütz erzeugt. Es handelt sich dabei um sehr mageren Sauermilchkäse, dessen Oberfläche von feuchter Rotschmiere bedeckt ist. Das Innere hat, erst durchgereift, den pikanten, durchdringenden, artspezifischen Geschmack.

Olmützer Quargel und Mainzer Handkäse sind geschützte Käsenamen, regionale Käsebezeichnungen. Es besteht die Möglichkeit, ein ähnliches Produkt selbst zu erzeugen, einen eigenen Phantasienamen wird man aber finden müssen.

Ein Reifungsraum ist für diesen Käse vorteilhaft.

Saurer *Magermilchtopfen wird gepreßt*, bis er ziemlich trocken ist. Dann wird er *mit 3% Salz*, eventuell auch mit Kümmel, vermischt und gut durchgeknetet. Es werden *Laibchen, die 1 cm hoch sein und 4–5 cm im Durchmesser* haben sollen, geformt. (Die Größe hat auf die Reifung einen Einfluß.) Die Laibchen werden *auf ein Brett gelegt* und gut *getrocknet*. Wenn sie schon ziemlich hart sind, werden sie mit gesalzener Molke, Bier oder Rotschmierelösung *gewaschen und eng aneinander in ein Kistchen gelegt*. Die Käse werden *täglich gewaschen, geschmiert, umgeschichtet*, bis sie gelb werden. Sie reifen je nach Größe in 4–6 Wochen.

12. Mainzer Handkäse

Magermilch wird mit Buttermilch zu gleichen Teilen gemischt und bis zum nächsten Morgen (mindestens 12 Stunden lang) stehen gelassen. Sehr langsam, in $1–1^1/_2$ Stunden, erwärmt man die Milch auf *45 Grad*, läßt sie eine Stunde stehen und schöpft die oben liegende Molke zur Gänze vorsichtig ab oder zieht sie mit einem Heber ab.

Der Topfen wird *abgekühlt, entmolkt* und in einer Topfenmühle *zerrieben*. Gleichzeitig fügt man Salz, eventuell Kümmel oder andere Gewürze hinzu. Der Käse kommt in einem Leinensack in einen (viereckigen) *Preßkasten*, in dem er gepreßt wird.

Am nächsten Tag werden *mit der Hand kleine Käse geformt*. Diese bleiben *6–12 Stunden zum Trocknen aufgelegt*. Im Sommer geschieht das in gut durchlüfteten Räumen, im Winter in geheizten Trockenkammern bei 30–40 Grad.
Wenn die Käse bröckelig geworden sind – sie dürfen nicht zu hart werden – kommen sie in den *Reifungsraum, der 12–15 Grad* haben soll. Beginnen die Käse feucht zu werden, werden sie *10–15 Minuten lang gewaschen* und kommen dann wieder in den Reifungsraum zurück. Ist die Reifung einige Millimeter in den Käse eingedrungen, sind die Handkäse fertig.

FEHLER BEI DER TOPFENHERSTELLUNG

Fehler sind dazu da, damit man daraus lernt, Neues entdeckt und sich bewußt wird, daß man noch etwas erforschen darf. Fehler können ohne weiteres zugegeben werden, das hat noch niemandem geschadet. Nur die „Unfehlbaren" werden daran Anstoß nehmen. Wenn wir zu unseren Fehlern stehen, uns mit Freunden besprechen, werden wir die Fehler schneller überwinden.
Sollte einmal Käse nicht so gelingen, wie wir es gerne hätten, müssen alle möglichen Fehlerquellen überprüft werden. Es können auch mehrere Fehler am Mißlingen schuld sein. Die angegebenen Verbesserungsvorschläge sollten genau und ehrlich in Erwägung gezogen werden, um schneller zu einem positiven Resultat zu kommen.

Zu geringe Ausbeute

Topfen wurde zu früh geschnitten und/oder abgeseiht. Dadurch geht viel „Staub" in die Molke ab und die Entmolkung verläuft schlecht.

- Messerprobe machen und bei richtigem Schnittzeitpunkt schneiden oder umschöpfen.
- Eventuell mehr Lab verwenden. Labfähigkeit kontrollieren.
- Gallerte während der Dicklegungszeit nicht bewegen.
- Vorsichtiger schneiden, schöpfen oder rühren.
- Milchgüte überprüfen.

Übersäuerung

Die Säuerungszeit war zu lange, das Dicklegen ist zu langsam vor sich gegangen, oder es liegt Hefebefall vor.

- Säurestarter überprüfen.
- Raumtemperatur auf 20 bis 22 Grad erhöhen.
- Hygiene verbessern, Geräte und Tücher auskochen.
- Topfen verschlossen im Kühlschrank lagern.
- Bei zu langer Dicklegungszeit Labfähigkeit überprüfen.

Zu mild und ohne Geschmack

Durch zu schnelles Dicklegen in einem zu warmen Raum kann die Milch nur unzureichend säuern. Wurde vielleicht der Säurestarter vergessen?

- Beimpfungszeit verlängern.
- Labmenge verringern.

Topfen wird zu bröselig

Beim Nachwärmen war die Temperatur zu hoch, oder man hat zu rasch erwärmt. Die Milchsäurebakterien wurden abgetötet.
Magermilchtopfen ist jedoch bröseliger als Vollmilchtopfen.

- Schonender erwärmen.
- Temperatur genauer beobachten.
- Weniger pressen.

Zu fester, geschmackloser Topfen

Durch zu hohe Labzugabe wird die Molke grünlich und klar. Die Dicklegungs- und Entmolkungszeiten waren zu kurz. Eine Säuerung hat kaum stattgefunden.

- Weniger Lab verwenden. Es soll nur zur Unterstützung dienen.
- Kühlere Temperaturen beim Säuern.
- Anderen Säurewecker verwenden, z. B. fertige Sauermilch oder Dickmilch.

Blähungen im Käse

Topfen wird bitter und schwammig. Er schwimmt auf der Molke. Länger reifende Käse werden durch Gase gebläht.
Bei unhygienischer Milchgewinnung, bei Fäkalverunreinigungen, durch Betreten des Käseraumes mit der Stallkleidung, mit Straßenschuhen oder durch unzureichende Personalhygiene (WC), können die im Darm vorhandenen Colibakterien in Milch, Gerätschaften und in den Käse gelangen und sich dort auch bei niedrigen Temperaturen rasch vermehren. Im Extremfall sind dann mehrere hunderttausende bis Millionen Bakterien im Gramm Käse.
Dieser Topfen darf auf keinen Fall mehr verkauft oder weiterverarbeitet werden. Er ergibt bestenfalls noch Hühnerfutter.

- Personalhygiene verbessern. Händewaschen mit Seife nach jedem WC-Gang.
- Saubere Handtücher und Geschirrtücher etc.
- Käsegeräte vor Gebrauch auskochen. Tücher nicht mit anderer Wäsche waschen, sondern stets separat auskochen.

- Käseraum reinigen, Schuhe, vor dem Betreten wechseln.
- Hygiene im Stall, beim Melken und im Käseraum überprüfen und verbessern.
- Wasser untersuchen lassen. Bei Ortswasser Untersuchung durch den Arzt beantragen, wenn mehrere entsprechende Krankheitsfälle im Ort auftreten. Eigene Brunnen müssen regelmäßig überprüft werden.
- Mehr Säurewecker beifügen.
- Säurewecker überprüfen und erneuern.
- Raumtemperatur auf 20 bis 22 Grad erhöhen, um ein rasches Anwachsen der Milchsäurebakterien zu fördern. Diese hemmen so das Wachstum der Colibakterien.
- Wenn die Felder vor der Käsekammer gedüngt (geadelt) werden, Fenster vorübergehend dicht schließen.
- Fenster des Käseraumes darf nicht auf der Misthaufenseite sein.

Hefen

Hefen sind überall vorhanden (ubiquitär). Sie sind vor allem in Küchen, wo Brot und Germteig zubereitet werden, auf nicht gut gereinigten Geräten, auf Wettex, Geschirrtüchern, Handtüchern, Brettern, Holzrosten. Hefen brauchen zum Wachstum Luft. Saure Milchprodukte, Joghurt, Sauermilch, Topfen, Frischkäse etc. werden besonders leicht befallen. Daher werden diese durch luftdichtes Verpacken und Lagern im Kühlschrank am besten geschützt.

- Sauberkeit wird bei Geräten durch Auskochen erzielt.
- Brot nie neben Käse oder im Käseraum lagern.
- Abdecktücher öfter wechseln.
- Käseraum öfter säubern.

Schimmelpilze

Während Weiß-, Blau- und Grünschimmel kultiviert werden und erwünscht sind, weil sie den Käse veredeln, können viele Schimmelarten, die sich am Käse spontan ansiedeln, ungesund und gesundheitsschädlich sein.
Ist Käse einmal von einem Schimmel befallen, dringen die mit freiem Auge unsichtbaren Schimmelhyphen in den Käse ein. Sind dann grell gelbe, schwarze, dunkelbraune oder rote Flecken sichtbar, ist der Käse bereits verdorben und muß immer weggeworfen werden. Schimmelpilz ist lebendig und erzeugt „Ausscheidungsprodukte", die, zum Beispiel wie bei Brotschimmel, giftig (Aflatoxine) sind.
Gefährliche Schimmel sind vor allem Brotschimmel und Mauerschimmel.

- Töpfe nur verwenden, wenn sie innen glatte, unbeschädigte Oberflächen haben.
- Holzgerät oft heiß bürsten und an der Sonne trocknen.
- Alle Geräte, die bei der Verarbeitung mit Milch in Berührung kommen, vorher auskochen.
- Brot und Käse getrennt aufbewahren.
- Käse nicht auf Brotbrettern lagern oder reifen lassen.
- Käseraum auf Schimmel überprüfen und verbessern.
- Eigene Reifungsräume für verschiedene Schimmelkäse. Die Übertragung der gewünschten Kulturen auf andere Käse ist nicht immer günstig.

Staphylokokken und andere Krankheitskeime

Eitrige Wunden am Euter, an den Fingern oder im Gesicht lassen durch Berührung Staphylokokken in die Milch gelangen.

- Feine Gummihandschuhe, Arzthandschuhe tragen.
- Gesundheit von Mensch und Tier ist oberstes Gebot beim Käsen!
- Käseverarbeiter sollten einen Gesundheitspaß vorweisen können. Dazu werden in Österreich über die Bezirkshauptmannschaft Untersuchungen durchgeführt. (TBC, Ausscheidungen, etc.)

Metalliger Geschmack

Wenn Milch mit blankem Eisen in Verbindung kommt, bekommt der Käse einen Metallgeschmack.

- Töpfe und Gerätschaften nie aus Eisen, verzinktem Eisen oder Aluminium.

Liegt die Schuld beim Wetter?

„Bei langanhaltend feuchter Witterung wird der Käse nichts." Dieser Satz wird immer wieder gehört. Viele glauben an gewisse Einflüsse durch das Wetter, den Mondstand und die Planeten.

Ab Mai, wenn die Pollen fliegen, gelingt der Käse besonders gut. Bei Gewitter wird oft die ganze Käsepartie nichts. Entweder wird er gebläht, löchrig oder unangenehm sauer. Gibt es lange Regenperioden, stockt der Käse schlecht und schmeckt dann fad.

Aber es ist zu einfach, jeden Fehler auf das Wetter zu schieben. Dennoch hat das Wetter Einfluß auf das Gelingen des Käses.

- Alle vorher beschriebenen Fehlerquellen überprüfen und Verbesserungen durchführen.
- Colibakterien und Staphylokokken vermehren sich schneller bei schwüler, warmer Temperatur. Hygiene nochmals überprüfen.
- Wenn nicht täglich verkäst wird, kann nach dem Mondkalender (Aussaatkalender) gearbeitet und an den empfohlenen Tagen gekäst oder gebuttert werden.

FRISCHKÄSE

Wie schon erwähnt, sind Frischkäse Käse, die frisch hergestellt zum baldigen Verzehr bestimmt sind, nicht oder nur kurze Zeit reifen, einen *hohen Wasseranteil* haben und daher weich und *nicht lange haltbar* sind.
Sie werden auf ähnliche Weise wie der bereits beschriebene Topfen gemacht. Die Milch säuert jedoch nur kurz vor, mehr Lab wird zugefügt und der Bruch meist in konische oder zylindrische Formen abgefüllt. Bei den meisten Frischkäsearten wächst der Bruch ohne Pressen, nur durch den Eigendruck zusammen. Der Bruch verbindet sich und schließt unter Umständen dabei etwas Luft ein, die zur „Bruchlochung" führt. Kleine Käselaibchen oder zylindrische „Rollen" entstehen.
Auch hier gilt, daß kleine Unterschiede bei der Verarbeitung eine eigene Variante, Käse mit anderem Geschmack, ergeben können.
Frischkäse kann aus Rohmilch oder aus thermisierter bzw. pasteurisierter Milch hergestellt werden. Käseliebhaber schätzen Rohmilchkäse besonders wegen des feinen Geschmacks. Bei thermisierter und pasteurisierter Milch muß 1 g Calciumchlorid ($CaCl_2$) je 10 l Milch zugefügt werden, um eine feste Gallerte zu erhalten. Dieser Zusatz wird beim Verkauf von Käse als „Käsereisalz" deklariert.
Die Fehlerquellen können die gleichen wie bei der Topfenherstellung sein.

FRISCHKÄSE OHNE REIFUNG

1. Gupf

Der Gupf oder das Gupferl ist eine traditionelle oberösterreichische Schafkäseart.
Schafmilch, die schon leicht säuert (12 Stunden alt) oder auch ganz frisch ist (manchmal gemischt mit 20% oder mehr Ziegen- oder Kuhmilch, was beim Verkauf exakt deklariert werden muß), wird *bei 22–28 Grad eingelabt.* Es werden bei niedrigen Temperaturen 6, bei höheren Temperaturen 3 Tropfen Lab pro Liter Schafmilch verwendet. *Lab wird in lauwarmem Wasser aufgelöst (verdünnt), gut untergemischt* und die Milch gleich *in 1/4 Liter konische Becher ohne Lochung eingefüllt.* Damit sich der Gupf besser vom Rand löst, kann man die Becher vor dem Füllen mit Molke oder Essigwasser ausschwemmen. Sie werden dann gleich in den *Käseraum, bei etwa 20 Grad,* gestellt und mit einem feinen Tuch abgedeckt.
Nun wird der Gupf unterschiedlich weiterbehandelt.

Variante 1

Nachdem die *Milch gestockt* ist und sich die Molke schon deutlich abgesetzt hat – etwa nach 12 Stunden – werden die Käse *in gelochte Käseformen* (Lochbecherl) gestürzt, zum

Ablaufen auf ein Käsebrett gestellt und etwa nach 8 bis 12 Stunden (je nach Raumtemperatur) aus der Form genommen. Sie werden am besten sofort serviert oder einzeln in Becher gefüllt, *mit Molke übergossen* und mit dem Deckel fest verschlossen *kühl gelagert.*

Variante 2

Die *eingelabte Milch dickt im Becher* in 12 Stunden ein. Molke tritt aus und der Käse löst sich vom Rand des Bechers. Eventuell wird mit einem Messer nachgeholfen oder leicht gerüttelt. *Ist der Gupf* nach etwa 24–36 Stunden *so fest, daß er beim Stürzen die Form behält,* wird die ganze Partie *in ein größeres Gefäß gestürzt und in der eigenen Molke aufbewahrt.* Zum Nachdicken und Verfestigen der Käse läßt man sie noch bei Raumtemperatur stehen, dann werden sie *gut verschlossen im Kühlschrank gelagert.*

Der Gupf schmeckt am besten frisch, hält sich aber gekühlt mindestens 3–4 Tage. Die Molke kann durch leichtes Salzwasser ersetzt werden, sollte sich eine weiße Hefen-Haut auf ihr bilden.

Feste Gupferln können in gewöhnlichem oder Kräuteröl eingelegt bis zu einem Monat gelagert werden.

2. Erlauftaler

Mit dem Erlauftaler haben wir das süd-niederösterreichische Pendant zum Gupferl. Er wird traditionell aus einer Schaf-Kuhmilchmischung gemacht. Qualitativ wertvoller und fester in seiner Konsistenz ist er aus reiner Schafmilch.

Nach dem Einlaben (wie beim Gupf) kommt die Milch in hohe *zylindrische 1/2-Liter-Käseformen,* in denen die Käse innerhalb von *24–28 Stunden fest* werden. Ein Umfüllen in Lochbecher ist nicht üblich. Die *langsamere Durchsäuerung* bei niedrigen Raumtemperaturen ergibt einen feinen Geschmack. Der *fertige Käse wird auf Pergamentpapierstreifen* (Fleischpapier) gelegt und darin eingerollt *unter Molke aufbewahrt.*

Hält nach 28 Stunden der Käse die Form nicht, muß beim nächsten Mal die Labzugabe erhöht werden.

Gupf und Erlauftaler aus Rohmilch hergestellt und kühl gelagert, halten eine, höchstens zwei Wochen frisch; aus pasteurisierter Milch (unter Zugabe von Calciumchlorid) sind sie gut zwei Wochen haltbar.

3. Variationen von Gupf und Erlauftaler

Der Käse kann mit den verschiedensten Kräutern und Gewürzen verfeinert und eventuell mit etwas kaltgepreßtem Olivenöl übergossen werden. Als Süßspeise kann er mit Honig, Marmelade oder Schokolade variiert werden.

Halbliterformen für Frischkäse nach Erlauftaler Art.

Die mit Säurewecker beeimpfte Milch wird eingelabt und sofort in die bereitstehenden Becher gefüllt.

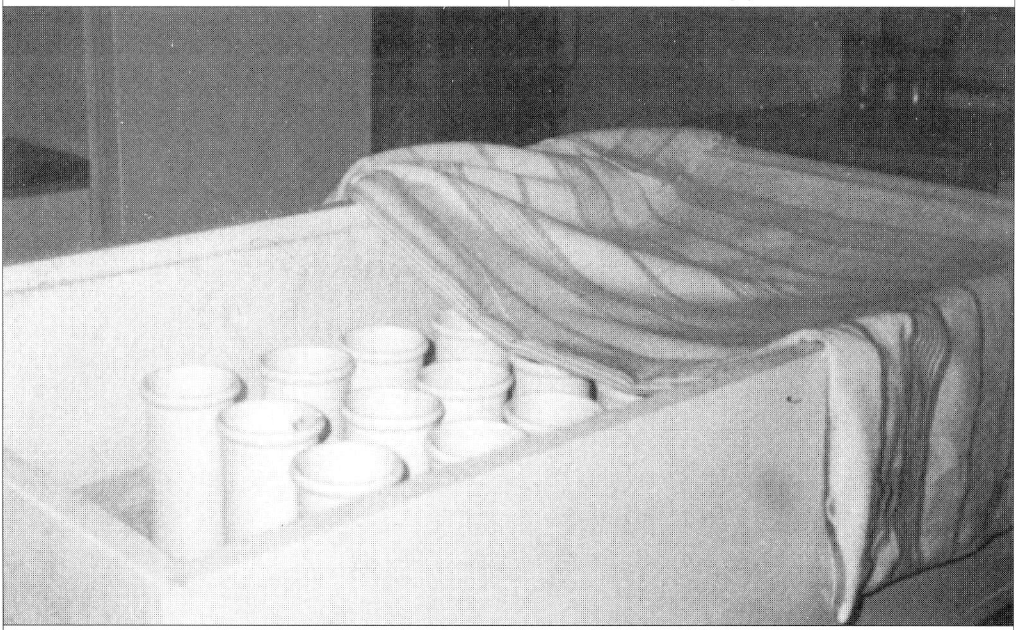

Die Gerinnung erfolgt am besten in Wärmekisten – z. B. wie hier aus Styropor. Nach 24–28 Stunden (je nach Einlabtemperatur, Labmenge und Raumtemperatur) sind die Käse fertig …

...und werden in die Molke gestürzt. Zum Nachdicken noch einige Stunden bei Zimmertemperatur stehen lassen, dann kühl lagern.

4. Weitere Verarbeitung von Gupf und Erlauftaler

Wurde zu viel Käse hergestellt und wird er nicht rechtzeitig gegessen, so kann er länger haltbar gemacht werden.

a) *In Öl oder Kräuteröl eingelegt* und kühl gestellt hält er 1 Monat.

b) Er wird einige Male *durchgeschnitten, etwas gesalzen und in gelochte, zylindrische Formen gefüllt.* Dann wird ein Brettchen darauf gelegt und *vorsichtig gepreßt.* Als Beschwerung kann eventuell eine 2-l-Flasche verwendet werden, die mit Wasser, je nach dem erforderlichen Gewicht, gefüllt wird.

Älterer, schon leicht verhefter Käse darf nicht mehr weiterverarbeitet werden.

FRISCHKÄSE MIT KURZER REIFUNGSZEIT

1. Handkäse

Die Herstellung von Handkäse ist ähnlich der des Topfens unter Labzugabe. Besonders für Schaf- und Ziegenmilch ist dieses Rezept beliebt.
Nachdem die Milch mit *2% Säurewecker* 15 bis 30 Minuten *vorgesäuert* wurde, wird bei einer Temperatur von *24–28 Grad eingelabt. 2–3 Tropfen* flüssiges Lab pro Liter Milch bei Schafmilch, 4–6 Tropfen bei Ziegen- und Kuhmilch – in etwas Wasser verdünnt – genügen, um die Milch innerhalb von 4 bis 5 Stunden *dickzulegen.* Die Raumtemperatur sollte bei 20 Grad liegen. Ist die Milch dick, wird die Gallerte in *2 bis 3 cm Würfel geschnitten* und nach einer halben Stunde, wenn sich die Molke etwas abgesondert hat, *in gelochte, konische Käseformen gefüllt.* Diese werden *zum Entmolken* auf ein Gitter, das auf der Molkenwanne steht, gestellt.
Der Käse bleibt so lange in der Form, bis er fest genug ist, dann wird er *auf eine Abtropfmatte* oder ein Brettchen *gestürzt.* Ist der bereits gestürzte Käse noch zu weich, wird die Form nochmals über den Käse gestülpt, damit er nicht verfließt.
Nun wird der Handkäse *mit Salz bestreut* und einen Tag lang offen stehen gelassen. Dann wird er *gewendet* und *nochmals gesalzen.* Nach einem weiteren Tag ist die restliche Molke abgeronnen und der Handkäse ist fertig.
Mit Gewürzen, frischem Dill, Oregano oder Provencekräutern und einigen Tropfen kaltgepreßten Olivenöls werden die Handkäse zu einer reinen Gaumenfreude. So passen sie auch gut zu griechischem Salat.
Handkäse ist frisch sehr mild. Je länger er lagert und je mehr Salz verwendet wird, desto reifer und „rassiger" wird er.

2. Handkäse mit Gewürzen

Der eigenen Phantasie sind kaum Grenzen gesetzt. Es können einzelne Kräuter wie auch Kräutermischungen verwendet werden.
a) Der fertige Käse wird *vor dem Servieren* mit Paprika oder Pfeffer, Provencekräutern, frischem oder getrocknetem Dill, Petersilie, Schnittlauch etc. *bestreut* und mit einigen Tropfen feinen Öls zubereitet. Aus einigen Rohkäschen wird ein vielfältiges, ansprechendes Käsesortiment.
b) Beim Einlaben oder Bruchabschöpfen
werden bereits die *Kräuter dazwischengestreut.* Frische Kräuter verderben schneller als der Käse, wenn sie mit Luft in Berührung kommen. Die Kräuter sollten durch Blanchieren haltbarer gemacht werden. Gefriergetrocknete Kräuter oder Kräutersalz haben sich ebenfalls bewährt. Weiche grüne Pfefferkörner, Knoblauch, Kümmel, Mohn, aufgekochte und geschälte Nüsse oder Mandeln veredeln den Käse.

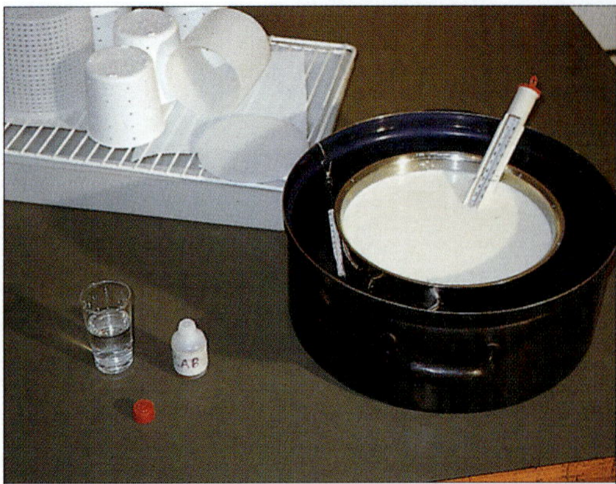

Die Milch wird im einfachen Wasserbad temperiert.

Die Schnittprobe zeigt, ob die Gallerte fest genug ist; scharfe, feste Kanten der Schnittstelle.

Die gestockte Milch wird grob (3- bis 5-cm-Würfel) geschnitten.

Der Käsebruch wird in konische Käseformen gefüllt. Es können Kräuter dazwischengestreut werden.

Die Käse entmolken ohne Beschwerung, nur durch das Eigengewicht, in den konischen Formen.

Die fertigen Handkäse werden mit verschiedenen Kräutern oder Gewürzen bestreut und serviert.

3. Handkäse haltbar machen

a) In Öl einlegen

Fällt zu viel Handkäse an oder soll er für längere Zeit (bis zu 6 Monaten) haltbar gemacht werden, wird er in gutem Öl eingelegt. Voraussetzung ist, daß er gekühlt aufbewahrt, das Öl nicht ranzig wird und der Käse ganz entmolkt ist. Die Restmolke würde weiter austreten, sich am Boden absetzen und den Käse sauer machen.

Nur ganz entmolkten Handkäse in Öl legen!

Die Größe des Glases sollte nach Möglichkeit der Größe des Käses angepaßt sein, oder die Käse werden *in kleinere Würfel geschnitten*. Das Öl, Olivenöl oder anderes Planzenöl, muß den Käse zur Gänze bedecken. Der Luftabschluß ist entscheidend, denn sonst setzen sich Hefen und Schimmel am Käse an und können die ganze Partie verderben.

Hatten die Käse allerdings bereits Hefen, Schimmel oder Coli, treten diese zu Tage und machen sie ungenießbar.

Ins Öl können Kräuter eingelegt werden.
Vorschlag für eine Kräutermischung:
Weißer und schwarzer Pfeffer zu gleichen Teilen, 2 Lorbeerblätter, je 1 TL Rosmarin und Thymian, 4 Wacholderbeeren, 1 Zwiebel in Scheiben geschnitten.
Nach einer Woche hat der Käse den Gewürzgeschmack angenommen.
Oder: Thymian, Dill, Basilikum, Rosmarin, Oregano, Provencekräuter, Knoblauch etc. je nach Geschmackswunsch.

b) In Salzwasser einlegen

1 Liter Wasser wird aufgekocht, 50 g Salz werden dazugegeben, das Wasser wird abgekühlt und der Handkäse in das kalte Salzwasser eingelegt. Bei kühler Lagerung hält der Käse 2–4 Wochen. Das Salzwasser wird, wenn es eine Hefen-Haut bekommt, erneuert. Je länger der Käse im Salzwasser bleibt, desto mehr Salz entzieht er dem Wasser und umso salziger wird er.

c) Einfrieren von Handkäse

Handkäse kann, wohl nur zur Not, kurzfristig eingefroren werden. Er wird grießlig und ist eher noch zum Verkochen (für Pizza oder Lasagne) geeignet.

4. Weißschimmelkäse

Gelingt der Handkäse gut, so kann Käse mit Weißschimmel versucht werden. *Dieser ist aber mit Camembert oder Brie (siehe unter Weichkäse) nicht gleichzusetzen.*

Der fertige, *gut entmolkte Handkäse* wird locker in ein frisches Einwickelpapier eines gekauften Camemberts eingeschlagen – und/oder mit in Wasser aufgelöster Rinde befeuchtet bzw. besprüht – in einen *Reifungsraum* oder ein Reifungskisterl gelegt und bei mittleren Temperaturen *einige Tage reifen* gelassen.

> Vorsicht! Schimmelkulturen übertragen sich über die Luft auf andere Käse im gleichen Raum.

Steht für die Lagerung kein eigener Reifungsraum zur Verfügung, so kann man sich mit einem Kistchen oder Plastikbehälter behelfen. In diesen *Mini-Reifungsraum* wird der Käse auf eine Abtropfmatte oder einen Rost gelegt und ein Stück Camembertrinde dazugegeben. Ein passender Deckel wird fast ganz geschlossen, so daß die Luftzufuhr nicht fehlt. *Häufige Kontrollen* des Käses sind wichtig.

> Besser und professioneller wird aber nach einem Weichkäserezept (siehe unter Camembert) gekäst.

5. Frischkäse in Kastanienblättern

Frische Ziegen- oder Schafmilch wird mit einigen Eßlöffeln Buttermilch vermischt und 30 Minuten stehen gelassen, damit die Milch *gut vorsäuern* kann. Dann wird auf 22–24 *Grad erwärmt und 3 Tropfen Lab* werden pro Liter dazugegeben. Die Gallerte wird *in einem 2-cm-Abstand geschnitten.*

Wenn sich die Molke schon etwas abgesondert hat, wird der Bruch in *gelochte, leicht konische Formen gefüllt*, die auf Tonziegel gestellt werden können. Der Ziegel bewirkt, daß die Molke schnell abgezogen wird.

Nach 1–2 Tagen wird der Käse aus der Form genommen und gesalzen. Nach weiteren *1–2 Tagen ist er trocken genug*, um weiter verarbeitet werden zu können. Er wird nun *kurz in Schnaps* getaucht und anschließend in *blanchierte Edelkastanien- oder Walnußblätter gewickelt* und kreuzweise mit einer dünnen Schnur oder einem Zwirn gebunden.

Nun kommt der Käse *in den Reifungsraum* und reift einige Tage, wobei er den Geschmack der Blätter annimmt. Es können auch Brennessel- oder Weinblätter verwendet werden.

> Wichtig ist, daß die Blätter ungespritzt – frei von Herbizid- und Pestizidrückständen – gut gewaschen und blanchiert sind.

6. Frischer Kochkistenkäse

Milch wird mit Säurewecker *vorgesäuert,* auf *24 Grad* erwärmt, und mit *2 Tropfen Lab* pro Liter *eingelabt.* Es wird gut verrührt und dann *der Topf in die Kochkiste gestellt* oder mit einer Decke (Tuchent) gut zugedeckt, damit die Temperatur nicht zu rasch absinkt. Der Käse stockt gleichmäßig.

Nach *12 Stunden ist die Gallerte fest* genug und kann geschnitten *(2–3 cm), in ein Seihtuch abgefüllt* und bei Zimmertemperatur 6–12 Stunden zum Abtropfen aufgehängt werden. Dann wird der Käse *mit Salz vermischt, in Formen gefüllt* und in diese fest hineingedrückt. Bei 15 Grad werden die Käse zum weiteren Entmolken und Festigen aufgestellt. Nach ungefähr 4–8 Stunden werden die Laibchen aus der Form genommen, *in (Alu-)Folie gewickelt* und können so bei 5 Grad einige Zeit *gelagert* werden.

7. Käsekugel

Wie Handkäse wird der Kugelkäse gemacht, doch statt in Formen wird der Käsebruch in *ein (Windel-)Tuch* gegeben und über einer Schüssel zum Entmolken aufgehängt.

Die Molke rinnt schneller als in einer Form ab. Nach einiger Zeit wird *die Käsemasse in der Windel vorsichtig gedreht* und das Tuch neuerlich etwas straffer gebunden, damit sich eine gute Kugel formt. Ist sie dann fest genug, wird sie auf ein Brettchen gelegt, eventuell halbiert und *gesalzen.*

Der Käse ist schneller fertig als der Handkäse, schmeckt etwas anders als dieser, bleibt innen weich, und außen bildet er eine festere „Haut". Er kann ebenso wie Handkäse variiert oder weiterverarbeitet werden.

8. Lagenkäse (Schichtkäse)

Lagen- oder Schichtkäse ist eine bestimmte Frischkäsesorte, die dem Handkäse in der Herstellung sehr ähnlich ist, jedoch eine andere Geschmacksnuance aufweist.

Wie der Name schon sagt, charakterisieren verschiedene Lagen bzw. Schichten den Käse. Wir verwenden dazu zwei verschiedene Arten von Milch. Eine ist mit dem abgeschöpften Rahm der anderen Milch angereichert. Insgesamt werden ca. *2/3 der Gesamtmenge an magerer Milch und 1/3 Vollmilch* bzw. mit Rahm angereicherte oder gefärbte Milch gebraucht.

Wir lassen, wie beim Handkäse beschrieben, die Milch eindicken und benötigen dazu 2 Milchschüsseln. In einer Schüssel ist die abgerahmte Abendmilch und in der anderen ist die mit dem Rahm der Abendmilch angereicherte Morgenmilch. Mit der Gallerte der Magermilch wird eine konische, gelochte, eventuell eckige Käseform etwa zu einem Drittel angefüllt. Nach 10 Minuten Pause wird eine Lage vom fetten Bruch in

die Form darübergefüllt und nach einer weiteren Pause, der Bruch hat sich wieder etwas gesetzt, wird die Form mit einer weiteren Schichte Magermilchbruch angefüllt. Es können auch mehrere Schichten eingefüllt werden. Der Käse hat dann abwechselnd eine weißlichere und eine gelblichere Schichte. Die verschiedenen Schichten können auch mit ver*schiedenen Kräutern oder Gewürzen farblich variiert werden.*
Sogar aus der gleichen Milch, mit gleichem Fettgehalt, schichtartig eingefüllt, wird beim Aufschneiden des Käses eine deutliche Abgrenzung der einzelnen Lagen sichtbar. Der Geschmack dieses Käses unterscheidet sich um eine geringe Nuance von dem des abgefüllten Handkäses, auch wenn er aus derselben Käsemasse hergestellt ist.

9. Rahmkäse

3/4 Teile Kuh-Vollmilch und 1/4 Teil Rahm oder Vollmilch vom Schaf werden mit *2% Buttermilch* bei einer Temperatur von *18–20 Grad „geimpft"* und nach 20 Minuten mit *1–3 Tropfen Lab pro Liter Milch* bei 24 Grad eingelabt. Die Milch wird 4 Minuten gut und tief und dann noch 1 Minute nur oberflächlich gerührt.
Der Milchtopf wird sodann an einen nicht zu warmen Platz gestellt, weil die *Milch langsam durchsäuern* muß. Nach einer weiteren und dann nochmals nach einer Stunde wird oberflächlich vorsichtig gerührt, damit sich der Rahm gut in der stockenden Milch verteilt. Anschließend wird die Milch wieder abgedeckt und ruhen gelassen.
Nach etwa 12 Stunden wird die Milch dick genug sein, damit sie *nach der Schnittprobe in 2-cm-Würfel* geschnitten werden kann. Der Bruch wird in ein Käsetuch geschöpft und *zum Abtropfen aufgehängt.* Wenn die Molke abgeflossen ist, wird die Käsemasse im Tuch mit den trockenen Randschichten *gut durchmischt,* zu einer *Kugel geformt* und nochmals 12 Stunden aufgehängt.
Nach weiteren 12 Stunden kann die Käsekugel aus dem Tuch genommen werden. Nun wird sie *in eine gelochte Käseform gefüllt,* leicht angepreßt und zum weiteren Abtropfen auf ein Käsebrett gestellt. Wenn der Käse fest genug ist, wird die Form entfernt.
Der Käse kann nun sofort ungesalzen, gesalzen oder mit Kräutern gegessen werden. Er kann in Alufolie oder Wachspapier gewickelt und bis zu einer Woche im Käse-Kühlschrank gelagert werden. Er wird so reifer und intensiver im Geschmack.

10. Frischkäse nach Art des Gervais

Milch, die mit Rahm angereichert wurde und so einen Fettgehalt von ungefähr 20% aufweist, wird bei *18–20 Grad mit 3 Tropfen Lab pro Liter eingelabt.* Die Milch soll sehr langsam – innerhalb von 24 Stunden – dick werden. Nach der Schnittprobe kann der *Bruch grob (4 x 4 cm)* geschnitten werden.
Ein feuchtes Seihtuch wird in ein Sieb gelegt, das auf einer Schüssel eingehängt ist, die die ganze Molke aufnehmen kann. *Der Bruch wird,* nachdem sich die Molke bereits ab-

Die Milch wird dickgelegt.

Der Bruch wird in hohe, zylindrische Formen gefüllt.

Die Käserollen werden aus der Form gestürzt.

Die Käseformen werden gleich nach ihrer Verwendung gut gewaschen.

sondert, *in das Tuch geschöpft* und zum Abtropfen aufgehängt. Nach weiteren 24 Stunden ist dieser fette und wohlschmeckende Käse fertig. Er wird nicht oder nur ganz wenig gesalzen und möglichst sofort gegessen, weil er nicht lange haltbar ist.

11. Feiner Ziegenfrischkäse

Ziegenmilch wird mit Sauer- oder *Buttermilch* angesäuert und bei *20–23 Grad mit 2 Tropfen Lab* pro Liter Milch eingelabt. Die Gallerte soll erst nach 24–36 Stunden fest sein. Der Bruch wird in schmale *zylindrische Lochformen verschöpft* und bleibt in ihnen 12 Stunden bzw. bis er in den Formen fest ist. Der Käse wird nicht gesalzen. Er wird mit Kräutern ganz frisch serviert.

12. Ziegenfrischkäse aus Frankreich

Aus Frankreich sind die verschiedensten, regional sehr unterschiedlichen Ziegenkäse aus roher Milch bekannt. Der Sainte-Maure zum Beispiel ist ein milder, weicher Weiß- oder Grünschimmelkäse, der auch heute noch auf Bauernhöfen in Mittelfrankreich hergestellt wird. Rezepte, nach der eigenen Phantasie und den eigenen Möglichkeiten abgewandelt, können versucht werden. *Sie gelten dann natürlich nicht als französischer Käse!*

Frische, mit Säurewecker leicht *vorgesäuerte und mit Schimmelkultur versetzte Ziegenmilch wird bei 22 Grad eingelabt* und nach 18–24 Stunden in 4–5 cm schmale und 25 cm hohe *zylindrische Lochformen* verschöpft. Nach 24 Stunden wird der Käse aus den Formen genommen, eventuell in Scheiben (2–3 cm) geschnitten, auf Gitterhorden gelegt. Nach dem Trocknen wird er gesalzen und mit in Wasser aufgelöster *Schimmelkultur* (Penicillium candidum oder Grünschimmel) *besprüht*.

Der Käse reift im *Reifungskeller bei 12 Grad* in 2–3 Wochen durch.

13. Andalusischer Ziegenkäse

Dieser Ziegenfrischkäse hat hirsekorngroße Lochung, ist scharf im Geschmack und hat das einmalige „wilde" Aroma. Auch die südspanischen Käsesorten werden nach den Ortsnamen oder der Region benannt, aus der sie stammen, wie z. B. „Cádiz".

Milch wird (eventuell) pasteurisiert, auf *30 Grad* abgekühlt und mit *3% Buttermilch eine halbe Stunde lang vorgesäuert*, $CaCl_2$ wird eingerührt und bei 30 Grad – mit 2 ml Lab/10 Liter oder *6 Tropfen Lab/Liter* – eingelabt.

Die Zugabe von Calciumchlorid – 1 g pro 10 l Milch – ist nach dem Pasteurisieren unbedingt erforderlich. Das in der Milch enthaltene Calcium wird durch die hohen Temperaturen festgelegt – blockiert – und verhindert so die Labgerinnung (Calcium-Brücken). Beim Verkauf wird dieser Zusatz mit: *„mit Zusatz von Käsereisalzen"* angegeben.

Nach etwa 1 Stunde, die Temperatur sollte nicht abgesunken sein, ist die Gallerte fest und wird in *2 bis 4 cm große Würfel* geschnitten. Langsam läßt man den Bruch auf 20 Grad (Zimmertemperatur) abkühlen.

Nach weiteren 40 bis 50 Minuten – die Molke hat sich bereits gut abgesetzt – wird der *Bruch in gerade Lochformen geschöpft* und *mit der Form* innerhalb von 24 Stunden *4 bis 5 mal gewendet*. Schließlich wird der Käse aus der Form genommen und rundum gesalzen.

Die Reifung erfolgt 4 bis 5 Tage in einem Raum mit einer Temperatur von 10 bis 12 Grad und etwa 80% relativer Luftfeuchtigkeit.

14. Land-Frischkäse

In Molkereien wird der Hütten-, Landfrischkäse oder Cottage Cheese technologisch komplizierter gemacht, aber für den Eigenbedarf ist dieses Rezept durchaus geeignet.

In magere oder halbfette Milch wird Säurewecker gerührt. Sie wird nach 30 Minuten auf *28–32 Grad erwärmt* und mit *3 Tropfen Lab pro Liter* eingelabt. Wenn die Gallerte schnittfest ist, wird in *1cm-Würfel* geschnitten.

Nach einer halben Stunde wird der Bruch im Wasserbad – unter vorsichtigem Rühren, er darf nicht zerkleinert werden und nicht zusammenkleben – auf *35–38 Grad erwärmt*. Der Bruch wird beobachtet, bis die einzelnen Körner rund und außen fest geworden sind. Man kann die *Griffprobe* machen, ein Bruchkorn angreifen. Es fühlt sich elastisch und fest an, innen ist es noch weich.

Dann wird die Masse in einem Sieb von der Molke getrennt, der *Bruch mit kaltem Wasser durchgespült*, abgeschreckt. Der Käse wird leicht *gesalzen*, mit *etwas Rahm* vermischt, um ein Zusammenkleben zu verhindern und den Geschmack zu verbessern. Er wird möglichst frisch gegessen.

15. Brimsen – Schafkäse aus den Karpaten

Milch wird rasch, *in 20 Minuten, dickgelegt, der Bruch händisch bearbeitet*, das heißt mit den Fingern geteilt, zerdrückt und gerührt. In einem Tuch wird er zum Abtropfen aufgehängt. Wenn die Molke abgelaufen ist, wird die Masse gut *mit Salz* durchgeknetet, *in ein Faß gepreßt* und obenauf gesalzen. So reift der Brimsen innerhalb von 3–4 Wochen.

16. Ungarischer Brimsen

Milch wird nach dem obigen Brimsenrezept verarbeitet, man läßt *den Bruch jedoch 14 Tage lang im Tuch hängen.* In dieser Zeit wird einige Male umgetucht. Dann wird der Käse *mit Salz vermischt* und zwischen Steinwalzen – *in der Topfenmühle – zerkleinert,* in Fässer gedrückt und gesalzen. Er reift darin einige Wochen.

17. Mozarella

Mindestens 1 Liter (Schafs-)Milch wie bei den anderen Frischkäsen vorsäuern und einlaben. Wenn die Milch gestockt ist, die Dickete in 5 cm Würfel schneiden. Der Bruch darf aber nicht zu fest sein. Etwa 1 Liter Molke oder, wenn keine Molke vom Tag oder vom Vortag vorhanden ist, 1 l Wasser auf 30° C erwärmen, dann den Bruch zufügen und langsam rühren. Die Menge wird langsam und schonend auf bis zu 35°–38° C weiter erwärmt. Beim Rühren beobachtet man die Veränderung des Bruchs und nimmt zwischendurch eine Griffprobe. Bei der richtigen Konsistenz wird der Mozarella in ein Sieb abgegossen. Handgroße Kugeln werden geformt und einzeln dabei die Molke herausgedrückt. Anschließend ziehe ich die Kugeln noch einmal kurz durch die warme Molke. Die Oberfläche schließt sich dabei. Die Temperatur darf aber nicht über 40° C sein, sonst knirscht der Käse. In kalte Molke oder leicht gesalzenes Wasser werden die Mozarellakugeln eingelegt und sofort kühl gelagert. Die Haltbarkeit beträgt so bis zu einer Woche.

VERKAUF VON FRISCHKÄSE

Wegen der geringen Haltbarkeit sollen Topfen und die meisten Frischkäse baldigst gegessen werden. Die Herstellung muß sich daher nach dem täglichen Bedarf richten. Es soll nur so viel Milch verkäst werden wie in spätestens 2 Wochen verzehrt oder verkauft werden kann. Anders verhält es sich bei Weich- oder Hartkäse, die länger reifen und lagern können.

Verkaufswege

a) Die günstigste Form der Vermarktung ist die *Direktvermarktung: als „Ab Hof-Verkauf" oder auf Bauernmärkten.* Ein Verkaufsraum am Hof ist vorteilhaft.

Stets frischer, guter Käse ist die Voraussetzung für treue Kundschaft.

b) *Werden Datailgeschäfte beliefert,* ist es ratsam, sich zuerst über deren Art der Präsentation, der Lagerung, des Preises, der Kundenwünsche, der Werbung etc. zu informieren.

Ein Besuch, verbunden mit einer verkaufsfördernden Information, ein Gespräch über Herstellung, Inhalt und Verwendung des Produktes sowie eine Einladung des Verkäufers auf den Hof können sich vorteilhaft und verkaufsfördernd auswirken.
Manchmal ist es ratsam, nicht verkaufte Produkte wieder zurückzunehmen.

Gut präsentierter, frischer Käse ist die beste Werbung.

c) Vertreibt man seine Produkte bei entsprechend großer und gleichmäßiger Produktion *über Großhändler, eine Handelskette oder einen Supermarktkonzern,* wird der erzielte Einzelpreis allerdings wesentlich niedriger sein als im Detailgeschäft oder am Bauernmarkt. Bei einem Großabnehmer fällt man viel leichter aus dem gesamten Markt als bei vielen kleineren Abnehmern, wenn nur einmal die Qualität nicht stimmt. Die Mängel können dabei durchaus auch beim Transport, während der Lagerung oder bei unsachgemäßer Manipulation entstanden sein.

Verpackung

Gupferln werden in der Molke angeboten. Sie werden einzeln in Plastikbechern mit Klarsichtdeckel oder in Schraubdeckelgläsern verpackt.
Erlauftaler kann, in Pergamentpapier gewickelt, einzeln, aber auch zu viert oder zu sechst in Plastikdosen, mit Molke übergossen, angeboten werden.
Handkäse wird in entsprechend großen Bechern, in passenden Gläsern oder in Frischhaltefolie angeboten.

Nicht jede Frischhaltefolie eignet sich für die Lebensmittelverpackung.

Frischkäse in Kräuteröl sind im Glas mit Schraubdeckel oder Klappverschluß gut zu handhaben und zu offerieren. Das *Pfandglas mit hübschem Etikett* wird durchaus akzeptiert.
Schimmelkäse wird in beschichtetes Papier oder Spezialfolien gewickelt. Oft ist zusätzlich eine Spanschachtel mit Hofmarkenzeichen besonders werbewirksam.

Warenbezeichnung

Bei verpacktem Frischkäse müssen auf einem Etikett die dem *jeweils gültigen Lebensmittelgesetz* entsprechenden Angaben gemacht werden. Je nach den *ortsüblichen, gesetzlichen Bestimmungen* sind dies:

Vermerke über die Ausgangsmilch, das Datum der Herstellung und die Haltbarkeit des Produktes, den Hersteller mit Namen und Adresse, den Fettgehalt in der Trockenmasse (F.i.T.) bzw. Vermerke wie „mit natürlichem Fettgehalt" oder „aus vollfetter Milch"; Angaben über Gewicht, Art des Käses, etc.

Ein Besuch in einem Käsespezialitätengeschäft einer Großstadt kann Auskunft über Möglichkeiten und Anregungen vielfältigster Art geben.
Der Käufer unterliegt oft dem Zauber des Äußeren. Wenn dann auch noch der Inhalt mit dem Äußeren übereinstimmt, ist ein neuer Käseliebhaber gewonnen.

Die Etikette ist gleichzeitig die Visitenkarte des Bauernhofes.

WEICHKÄSE

Die Bezeichnung Weichkäse wird im allgemeinen für Käse verwendet, der:

- zwischen 68 und 73% Wasseranteil in der fettfreien Trockenmasse hat,
- einen weichen bis halbfesten Käseteig mit Bruchlochung hat,
- würzig mit Rotschmiere, oder milder mit Weißschimmel, herzhaft durch Grünschimmel schmeckt,
- zwischen 25 und 65% Fett in der Trockenmasse (F.i.T.-Gehalt) aufweist und
- ca. 3 Wochen zum Reifen braucht.

Nachdem die ersten Erfahrungen bei der Milchverarbeitung gesammelt worden waren, und Topfen und Frischkäse bereits gut gelungen sind, ist es an der Zeit, sich mit dem Weichkäse zu beschäftigen.
Vielfach wird Weichkäse auch dann hergestellt, wenn Käse längere Zeit reifen soll bzw. erst in einigen Wochen gebraucht und auf Vorrat gearbeitet wird. Manchmal findet Frischkäse zu wenig Abnehmer oder es wird eine *Abwechslung für den Speisezettel* gewünscht. Oft geschieht es aus Experimentierfreude oder als Herausforderung, daß ein neues Rezept ausprobiert wird.
Mit größter Aufmerksamkeit auf Milchgüte, Hygiene bei der Herstellung und Reifung, bei genauer Temperatureinhaltung und exakter Bearbeitung wie dem Einbringen der bereits gesammelten Erfahrungen, wird der Käse sicherlich gelingen.
Die Verarbeitung gleicht der des Frischkäses. Doch wird bei *höheren Temperaturen* eingelabt und dadurch ist die *Dicklegungszeit kürzer.* Die *Bruchbearbeitung dauert länger,* und beim Entmolken werden die Käse mit der Form mehrmals gewendet. *Die Reifungszeit beträgt etwa 3 Wochen,* Geschmacksunterschiede werden durch Zugabe von Pilzkulturen, Rindenpflege, Reifung und Lagerung erzielt.
Die Vielzahl von Rezepten stellt praktische Richtlinien dar. Mit der eigenen Erfahrung werden Abweichungen davon neue Käsevarianten ergeben. Wer sich jeweils Aufzeichnungen über Temperatur, Labmenge, Gerinnungs- und Dicklegungszeit macht, wird sein Wissen und Können damit vertiefen.

WEICHKÄSE – GRUNDREZEPT

- Wasserzugabe: 10% bei Kuh- und Ziegenmilch, 10–30% bei Schafmilch.
- Eventuell pasteurisieren oder thermisieren und 1 Gramm $CaCl_2$ pro 10 l Milch zufügen.
- Mit 1–3% Säurewecker impfen.
- Eventuell spezielle Kulturen zugeben.
- Inkubationszeit: 15–60 Minuten.
- Erwärmen der Milch auf ca. 30–34 Grad.
- Labzugabe: 1,5–2,0 ml/10 l oder 3–6 Tropfen/l Milch.
- Dicklegungszeit: 30–60 Minuten.
- Schnittprobe.
- Bruch in 1–4-cm-Würfel je nach Rezept schneiden und/oder nur verschöpfen.
- Bruch ca. 15 Minuten lang setzen und nachdicken lassen.
- Eventuell Bruch nochmals schneiden, verschöpfen oder umlegen bzw. verziehen je nach Käsesorte.
- Eventuell Bruch nachwärmen und ausrühren.
- Eventuell Bruch waschen.
- Eventuell Griffprobe machen.
- In Formen abfüllen.
- Mit der Form 3–6 mal während der Entmolkung wenden.
- Entmolken lassen bei ca. 20 Grad bis zu 24 Stunden.
- Trocknen und durchsäuern lassen, 1–2 Tage.
- Trocken salzen oder ins Salzbad legen.
- Trocknen lassen.
- Je nach Sorte und Größe 1–3 Wochen im Reifungsraum reifen lassen. In Folie verschweißen oder in Käsereiwachs einwachsen bzw. Rindenpflege.
- Eventuell verpacken und gekühlt lagern.

HERSTELLUNG EINES WEICHKÄSEROHLINGS

Pasteurisieren, thermisieren

Das *Pasteurisieren* oder *Thermisieren* der Milch ist wegen der längeren Reifungszeit meist erforderlich. Auf die *Zugabe von 1 Gramm Calciumchlorid ($CaCl_2$) je 10 l Milch* darf dann allerdings nicht vergessen werden.
Bei wirklich *unbedenklicher Milch* kann man auf das Pasteurisieren verzichten, was sich in einer feinen Geschmacksnuance auswirkt, wie dies z. B. beim französischen Camembert bekannt ist. Käsekenner und -liebhaber bevorzugen Käse aus unpasteurisierter Milch.

Wasserzugabe

Zur besseren Bruchbearbeitung werden ca. 10% Wasser bei Kuh- und Ziegenmilch, bei Schafmilch 10–30% (je nach Jahreszeit bzw. Laktationsperiode) vor dem Einlaben beigemischt. Es ist dies kein „Verdünnen" oder „Verwässern" der Milch, denn das Wasser rinnt zur Gänze mit der Molke wieder ab.
Die *Wasserzugabe* dient dazu, daß man den Bruch besser umlegen kann. Er soll in einem Molke-Wasser-Gemisch schwimmen. Weiters wird der Käseteig dadurch geschmeidiger, was sich besonders bei Herbst-Schafmilch auswirkt. Sonst würde der Käse unter Umständen bröckelig werden.
Sie sollte durch *frisches Wasser* erfolgen, jedenfalls soll nicht Wasser aus einem Heißwasserspeicher genommen werden. Es ist bereits „abgestanden" und möglicherweise haben sich unerwünschte Bakterien angesiedelt. *Brunnenwasser muß bakteriologisch untersucht sein.*
Gegebenenfalls kann erwärmtes oder kaltes Wasser zugefügt werden, um die richtige Impftemperatur bzw. Einlabtemperatur zu erreichen.

Säurestarter und Spezialkulturen

Bei 20–25 Grad wird *Säurestarterkultur* in die Milch gegeben. Der Säurestarter oder Säurewecker dient der *Unterstützung der milcheigenen „Bakterienflora"* und wirkt sich positiv auf den Geschmack des Käses aus. Es können sowohl Butter-, Sauer-, Dickmilch oder gefriergetrocknete Bakterienkultur aus dem Labor verwendet werden. Die zuletzt genannten werden vor allem für Ziegen- und Schafmilch eingesetzt, wenn Käse für Kuhmilchallergiker hergestellt wird, da selbst Spuren von Kuhmilcheiweiß aus dem Säurestarter Allergiesymptome auslösen können. *Die verschiedenen Kulturen bestimmen unterschiedliche Geschmacksnuancen.*
Wird nicht pasteurisiert, kann der Säurestarter bereits zur melkwarmen Milch dazugegeben werden. Die Vorsäuerung dauert 15 bis 60 Minuten.

Die dickgelegte Milch wird verschöpft oder zweimal geschnitten.

Die Griffprobe beim Weichkäse zeigt, daß der Bruch richtig ist.

Die Käsemasse wird in die Formen gegossen oder geschöpft.

Mit der Form werden die Käse auf ein Brettchen gewendet. Die Molke kann wieder gut abrinnen.

Fertige Rohlinge liegen zum Abtrocknen auf der Käsematte.

Reifer Weichkäse mit Rotschmiere-Rinde.

Schlechter Säurewecker ist häufig die Fehlerquelle für mangelhaften Käse. Daher sollte man stets frische Säurekultur verwenden.

Während dieser *„Inkubationszeit"* können, je nach gewünschter Käsesorte, gefriergetrocknete Kulturen wie Rotschmiere-, Camembert-, Blau- oder Grünschimmelkultur aus dem Labor beigemischt werden.

Einlaben und Dicklegen

Das *Einlaben* erfolgt bei Temperaturen zwischen 30 und 34 Grad. Die Erwärmung der Milch erfolgt am besten und am schonendsten im Wasserbad. Es werden je nach Rezept *3 bis 6 Tropfen Lab pro Liter Milch* oder 1–2 ml Lab auf 10 Liter Milch verwendet.

Nach dem Einrühren muß der *Dreh sofort gestoppt* werden.

Die Temperatur soll während der Dicklegung gleich bleiben! Den Topf läßt man im warmen Wasserbad zugedeckt stehen. Damit die Milch nicht um mehr als 1 bis 2 Grad höher erwärmt wird und die Gallerte nicht ungleichmäßig stockt, muß die Temperatur des Wasserbades kontrolliert werden.

Dicklegungszeit

Die *Dicklegungszeit,* bestimmt durch Temperatur und Labmenge, ist jeweils bei den Rezepten angegeben. Sie *bewirkt unterschiedliche Käsesorten* und Geschmacksvarianten und ist wesentlich kürzer als bei Frischkäse und Topfen. Es vollzieht sich also kaum eine Säuerung während dieser Zeit.

Schnittprobe

Gegen Ende der Dicklegungszeit wird die Schnittprobe durchgeführt und *die Festigkeit der Gallerte wird genau beobachtet.* Diese soll fester als die von Frischkäse sein. Mit dem Messer wird schräg in die Gallerte eingestochen, das Messer gedreht und langsam angehoben. Fällt nun der Bruch nach beiden Seiten glatt und fest auseinander und tritt gleich an der Einstichstelle Molke aus, ist der Schnittzeitpunkt erreicht.

Schoppt sich beim Durchziehen die Käsemasse vor dem Messer, hat man schon etwas zu spät zu schneiden begonnen. Es kann dann schneller und kleiner geschnitten werden.

Bruchbearbeitung

Anfänglich wird beim Weichkäse ganz behutsam gearbeitet. Je mehr Molke ausgetreten ist, je mehr sich der Bruch gefestigt hat, desto rascher kann gearbeitet werden.

> Je vorsichtiger geschnitten wird, desto weniger Eiweiß geht als „Staub" in die Molke ab. Je gleichmäßiger geschnitten wird, desto homogener wird der Käse.

Es gibt beim Weichkäse mehrere Möglichkeiten, den Bruch zu bearbeiten:

1. Der Bruch wird vorerst in ca. *1–2-cm-Würfel* mit der Käseharfe geschnitten. Wird mit dem Messer gearbeitet, kann zuerst in 4-cm-Würfel und nach einer Wartezeit von 10 bis 15 Minuten nochmals genau in der Mitte der Bruchwürfel geschnitten werden. Dieser Vorgang dauert etwa 30 Minuten, dann sollte der Bruch so weit sein, daß abgefüllt werden kann.
2. *Der Bruch wird verschöpft* oder umgelegt. Dabei werden mit einem flachen Schöpfer große Teile aus der Gallerte gehoben und vorsichtig an einer anderen Stelle niedergelegt. Die oberste Schicht ist nun verschöpft. Nach einer Wartezeit von 10 Minuten wird mit dem Schöpfer tiefer hineingestochen und der grobe Bruch aus der unteren Schichte heraufgehoben und obenaufgelegt. Der Vorgang wird 4 bis 5 mal wiederholt, bis die ganze Gallerte umgeschöpft ist.
3. *Kombinierte Bruchbearbeitung:* Es wird zuerst grob geschnitten und später, nach einer Wartezeit von 15 Minuten, verschöpft.
4. *Bruch verziehen:* Nach dem Schneiden des Bruchs in 1–3-cm-Würfel, zieht sich der Bruch in 15 Minuten zusammen und die Molke tritt aus. Mit einem Verziehblech (oder einer flachen, breiten Teigspachtel) wird der Bruch von einem Rand des Topfes vorsichtig zum anderen hingezogen. *Dadurch gelangen die unteren Schichten nach oben,* die Käsesäulen werden sichtbar und mit einem Messer in Würfel geschnitten. Dieser Vorgang wird 3 mal wiederholt, bis der ganze Bruch umgelegt und gleichmäßig ist.

> Während der Bruchbearbeitung soll die Temperatur gleich hoch gehalten werden. Der Topf wird daher im Wasserbad gelassen.

Nach 30 bis 45 Minuten ist der Bruch richtig und kann abgefüllt werden.

Bruch nachwärmen und ausrühren

Bei vielen Rezepten wird der Bruch, um einen festeren Käseteig mit niedrigerem Wasseranteil zu erhalten (z. B. für Schnittkäsesorten), aufgewärmt und ausgerührt. Dabei wird schonend auf eine Temperatur erwärmt, die um 3–5 Grad höher ist als die Einlabtemperatur. Gleichzeitig wird er gerührt und dabei manchmal zerkleinert oder gebrochen. Das Nachwärmen erfolgt im Wasserbad am schonendsten.

Durch Zugabe von (höchstens) 70 Grad warmem Wasser, unter ständigem Rühren, kann der Bruch ebenfalls auf die richtige Nachwärmtemperatur gebracht werden. Der Bruch zieht sich rasch zusammen.

Bruch waschen

Bei manchen Rezepten wird der Bruch gewaschen und dabei warmes Wasser verwendet. Zuerst wird ein Drittel der Molke abgezogen oder weggegossen und etwa die gleiche Menge 40 Grad warmes Wasser dazugegeben. Dann wird nochmals vom Molke-Wassergemisch etwa ein Drittel abgezogen und wieder durch Wasser ersetzt. Dies wird so lange getan, bis das Wasser klar ist. Wäscht man den Bruch, erhält man einen geschmeidigeren Käseteig.

Griffprobe

Mit der Griffprobe und einiger Erfahrung hat man ein gutes Maß für den richtigen Zeitpunkt zum Abfüllen des Käsebruchs. Mit sauberer Hand wird *ein Bruchkorn herausgehoben* und gefühlt, ob die notwendige Festigkeit erreicht ist. Es ist noch *weich und elastisch*, aber trotzdem schon fest genug, daß man es halten kann, ohne daß es aufreißt. Allerdings ist es nicht so fest und auch viel größer (Erbs- bis Walnußgröße) als beim Hartkäse.
Bei den Käsesorten mit sehr kleinem Bruch (Schnittkäse, Hartkäse) wird eine ganze Hand voll Bruch herausgehoben, zusammengedrückt und die Faust wieder aufgemacht. Kann man die einzelnen Bruchkörner mit einem Finger wieder auseinanderreiben, kann abgefüllt werden. Zusätzlich sollte auch die Festigkeit eines einzelnen Bruchkornes gefühlt werden.

Abfüllen

Bevor er sich am Topfboden festsetzt, wird der immer noch warme Bruch in gerade Lochformen gefüllt. Es haben sich nicht zu große, gelochte Formen ohne Boden am besten bewährt, die auf eine Abtropfmatte gestellt werden, um eine rasche Entmolkung zu erreichen. Es können aber auch Formen mit Boden verwendet werden. Die Formen sind gerade, also nicht konisch, weil der Käse zur gleichmäßigen Entmolkung *mit der Form 4–5 mal gewendet* werden muß.
Die Käse werden in einem Raum, der temperiert, gut belüftet, aber nicht zugig sein soll, zum Abtropfen aufgestellt. Weichkäse wird nicht oder nur ganz leicht gepreßt, da das Eigengewicht meist genügt. Weichkäse mit kleinem Bruchkorn wird allerdings mit einem Druck bis zum doppelten Käsegewicht gepreßt. Bei manchen Käsetypen füllt man vorerst in Formen, die mit feuchten Tüchern ausgeschlagen wurden, ab. Bei den derzeit üblichen Kunststofformen mit sehr kleiner Lochung kann das Käsetuch weggelassen werden. Arbeitet man mit einem Jerb, ist das Tuch unbedingt notwendig.

Wenden

Nach 10–15 Minuten wird der weiche Käse das erste Mal, ein zweites Mal nach 30 Minuten und ein weiteres Mal nach 60 Minuten *mit der Form* gewendet. Später wird noch 2–3 mal gewendet, und dabei werden die Zeitabstände jeweils verdoppelt.
Als Arbeitserleichterung kann man etwa 9 kleine Käseformen auf ein Wendeblech stellen, ein weiteres Blech darüberlegen und die ganze Käsepartie auf einmal nehmen und umdrehen. Das Wenden bewirkt ein schnelles Abrinnen der Molke, gewährt eine gute Form und eine gleichmäßige Durchsäuerung des Käses. Auch die Lochbildung bestimmt sich in dieser Zeit.

Bruchlochung und bakteriell bedingte Lochung sind recht gut voneinander zu unterscheiden. Gasbildende Bakterien lassen runde Löcher entstehen, z. B. kleine Löcher in Randnähe durch unerwünschte Coli-Bakterien oder große glatte Löcher durch Hinzufügen von Propionsäurebakterien, die für Bergkäse und Emmentaler typisch sind. Hingegen ergeben Lufteinschlüsse zwischen den Bruchkörnern eine eher schlitzförmige Lochung wie z. B. beim Tilsiter.

Der *Käserohling* ist nach ca. 15–24 Stunden fertig entmolkt, wird aus der Form genommen und 1–2 Tage zum Trocknen aufgelegt. Er durchsäuert in dieser Zeit und wird zweimal gewendet.

Salzen

Das mit der Molke entzogene Mineralsalz wird durch das Salzen von außen wieder zugefügt.

- Das *Salz* verstärkt außerdem den Geschmack und
- macht den Käse *länger haltbar.*
- Weitere *Molke tritt aus* und
- dadurch *wird der Käse fester,*
- die *Rinde* wird gebildet.
- Es *hemmt unerwünschte Keime* und
- *fördert erwünschtes Bakterienwachstum* (Rotschmiere).
- Der *Reifungsprozeß* wird durch das Salzen eingeleitet.

Es kann auf zwei verschiedene Arten gesalzen werden:

1. Trocken salzen

Käserohlinge werden auf allen Seiten mit grobem Salz bestreut oder darin gewälzt. Das

Salz, das haften bleibt, ist richtig. Am nächsten Tag wird der Käse wieder rundum gesalzen und gewendet.

Zu salziger oder irrtümlich versalzener Käse kann für kurze Zeit in Wasser gelegt werden. Dieses entzieht dem Käse wieder etwas Salz.

2. Salzen im Salzbad

Um ein *20prozentiges Salzbad herzustellen,* wird 1 Liter Wasser mit 20 dag Salz aufgekocht und abgekühlt. Der Käserohling wird hineingelegt, einige Male umgedreht und je nach Größe 2 bis 6 Stunden im Salzbad gelassen. Ein Kilolaib bleibt etwa 2 Stunden, schwerere Laibe entsprechend länger im Salzbad. Auch hier sind Geschmackswunsch und Erfahrung wichtig.
Das *Salzbad kann mehrmals verwendet werden.* Es wird jedoch durch die austretende Molke sauer, und eine Hefenhaut kann sich bilden. Daher wird es von Zeit zu Zeit aufgekocht. Da der Käse dem Salzbad Salz entzieht, muß dieses bei öfterer Verwendung immer wieder mit einer Salzwaage auf den Salzgehalt überprüft und gegebenenfalls nachgesalzen werden.
Nach dem Salzvorgang läßt man *den Käse ganz abtrocknen,* bevor er weiterbehandelt wird.

Einschweißen oder Einwachsen des Käses

Um den Käse vor Trockenheit, Feuchtigkeit, Fremdschimmel, eventuell auch Fliegen etc. zu schützen, oder um die Rinde nicht pflegen zu müssen, kann der Käselaib in Kunststoffolie eingeschweißt, mit Plasticoat (ein im Handel befindlicher flüssiger Plastikanstrich) eingestrichen oder mit Käsereiwachs beschichtet werden.

Sterilisieren der Käseoberfläche

Vor dem Einwachsen oder Einschweißen des Käselaibes muß dieser oberflächlich ganz trocken und steril sein. Man kann ihn in Schnaps oder Weinbrand tauchen oder ihn durch ein kochendes, 20prozentiges Salzbad (eventuell durch Salzmolke) ziehen und dann erst wieder ganz trocken weiterbehandeln.

Einschweißen

Der ganz trockene Käse wird in Schrumpffolie eingeschweißt oder mit einer Plastikpaste (Plasticoat) überzogen. Dabei sollte beachtet werden, daß sich der Geschmack etwas verändert und die „Rinde" nicht gegessen werden sollte.

Einwachsen

Käsereiwachs wird in einem Topf mit etwas Wasser geschmolzen und der trockene

Käselaib darin eingetaucht. Die Käseoberfläche muß ganz mit Wachs überzogen sein. Der genaue Vorgang wird auf Seite 154 beschrieben.

Reifung

Die *Reifung des Weichkäses* dauert eine bis mehrere Wochen. Je nach Reifungstemperatur wird er nach etwa 3–5 Wochen überreif, findet aber auch gerade dann noch seine Liebhaber. Die *Reifungszeit* kann durch kühles Lagern hinausgezögert werden.
Der *Reifungsprozeß* findet im Reifungsraum oder -keller bei speziellen Temperaturen und einer hohen Luftfeuchtigkeit statt.
Ist kein *eigener Reifungsraum* vorhanden oder will man sich die Arbeit erleichtern, wird der Käserohling in Folie eingeschweißt oder eingewachst.
Kühl gelagert (bei 5 Grad), kann so der Käse sogar ca. ein Jahr lang aufbewahrt werden, ohne daß er weiterreift. Er reift erst fertig aus, wenn er 1 bis 2 Wochen vor dem Verzehr in einen temperierten Raum gelegt wird.
Aromatisch wird der Käse durch tägliche Rindenpflege mit Rotschmiere, eventuell mit Bier oder Rotwein, natürlich auch durch gezieltes Zufügen von speziellen Bakterien- und Schimmelkulturen vor dem Einlaben. Die Reifung erfolgt von außen nach innen. Die „Genußreife" ist erreicht, wenn der topfige Kern verschwunden und der Käse durch und durch weich ist.

Rindenbildung mit Rotschmiere

Rotschmierereifung eignet sich sehr gut für selbstgemachte Weichkäse. Der Käserohling wird täglich, später jeden zweiten Tag mit einer 5%igen Salzlösung, die mit Rotschmierebakterien angereichert wurde, geschmiert, also feucht abgerieben (nicht gewaschen). Die Schmiere gibt dem Käse die nötige Feuchtigkeit. So entwickelt er zuerst eine Rotschmiereschicht und bildet dann eine Rinde.
Man kann sich für *anfängliche Versuche* eventuell damit behelfen, wenn ein Stück eines gekauften Rotschmierekäses mit etwas warmem Wasser abgewaschen und dieses Wasser gesalzen als Schmiere verwendet wird.
Sobald man aber *professioneller* vorgehen will, wird Rotschmierekultur (Brevibacterium linens) in einem milchwirtschaftlichen Labor besorgt und etwas davon zur Salzlösung gegeben.
Der Käse wird täglich einmal geschmiert und gleichzeitig gewendet. Lagert er auf Horden, wird rundum befeuchtet, da Luft auch von unten dazukommt. Lagert er auf Brettern, muß die Auflagefläche möglichst trocken bleiben. Die künftige Unterseite des Käses wird also nicht geschmiert. Wird das vergessen, entwickeln sich durch den Luftabschluß unerwünschte Schimmel. Sind schon mehrere Käselaibe vorhanden, wird immer zuerst der älteste geschmiert, dann arbeitet man sich zu den jüngeren vor. Die ge-

züchtete Rotschmierekultur wird – *diesmal bewußt und absichtlich* – übertragen und die Rindenbildung dadurch unterstützt. Nach 3 bis 4 Tagen ist der Käse sichtbar mit Rotschmiere überzogen und die Rindenbildung hat eingesetzt.

Die Schmiere wird weitergezüchtet. Sie wird normalerweise nicht erneuert und darf so richtig schmieren.

Kommen einmal *unerwünschte Bakterien* auf (Fremdkontamination), kann der Käse mit *Essigwasser* abgewaschen werden. Die Schmiere muß nun erneuert, Gitter, Bretter, Wände müssen gründlich gesäubert und der Käse soll mit frischer Schmierelösung weiter geschmiert werden.

- Zu *trockene Luft* entzieht dem Käse Feuchtigkeit. Er kann rissig und trocken werden.
- Zu *hohe Temperaturen* können den Käse weich machen, er verliert die Form und reift nur außen.
- Zu *hohe Feuchtigkeit bei zu hohen Temperaturen* läßt den Käse fließen.

Hat der Käse nach einigen Tagen eine gute Rinde gebildet, kommt er in den Reifungskeller. Hier wird er täglich gewendet.

Der Reifungskeller hat je nach Käsesorte
- eine Luftfeuchtigkeit von 85–90%,
- niedrige Temperaturen von 12–15 Grad.
- Man braucht eigene Reifungsräume für verschiedene Schimmelkäsesorten.

Die Ausbeute beträgt etwa 25–30 kg Weichkäse von 100 Liter Schafmilch, 20–25 kg Käse von 100 Liter Kuh- oder Ziegenmilch.

WEICHKÄSEREZEPTE

Die Weichkäserezepte wurden von uns in 3 Gruppen zusammengefaßt.

Weichkäse ohne Schimmeleinwirkung
Weichkäse mit Rotschmiere – Rindenbehandlung
Weichkäse mit Oberflächen- und/oder Innenschimmel

Die allgemein üblichen und bekannten *Käsenamen* sind entweder *Namen der Region oder des Ortes,* aus denen die Käse ursprünglich stammen, oder sie sind nach dem ursprünglichen „Erfinder" bzw. *Hersteller* benannt. Es ist daher nicht sinnvoll, z. B. einen Käse in Anlehnung an das Rezept, das urspünglich aus Cádiz stammt, als Cádiz-Käse am Markt anzubieten, wenn der Käse in Bayern oder Österreich hergestellt wurde. Aschenkäse, zum Beispiel, klingt auch nicht so gut. Also wird man sich bemühen, einen Namen – vielleicht verbunden mit dem Orts- oder Hofnamen – *für die eigene Käsekreation* zu finden. Zu oft sind schon *teure Prozesse* wegen gleicher oder ähnlicher Käsenamen geführt worden. Zugleich ist auch ein Hof- oder Phantasiename ein Markenzeichen, ein Werbemittel und ein gewisser *Schutz für das eigene Produkt.*
Wenn in diesem Buch Namen wie Camembert, Gorgonzola, Cádiz, Hohenheimer, Vorarlberger, Edamer und ähnliche angeführt werden, dient dies lediglich der Einordnung der Rezepte. Manchmal wurde „-Art" hinzugefügt, damit die *Unterscheidung zum Originalrezept* schon im Titel ersichtlich ist.
Bei den Rezepten wird von einem *„Käserohling"*, der nach dem allgemeinen oder einem einfachen Weichkäserezept hergestellt wird, ausgegangen. Die Abweichungen werden jedoch gesondert erwähnt.

WEICHKÄSE OHNE SCHIMMELEINWIRKUNG

1. Weichkäserohling – Weichkäse nach Hohenheimer Art

Milch und 10% Wasser werden bei etwa *20 Grad mit 4–5% Säurewecker* (Buttermilch) versetzt und *eine Stunde lang vorgesäuert*, dann *auf 30 Grad erwärmt* und mit *3 Tropfen Lab* je Liter Milch, *in Wasser verdünnt*, eingelabt. *Nach 45 Minuten* soll die Milch *dickgelegt* sein. Nach der *Schnittprobe* wird in *2 cm Abstand geschnitten.* Der *Bruch ruht* nun einige Zeit, bis sich die Molke abzusetzen beginnt. Der Käse wird in zylindrische Formen *abgefüllt* und während der Entmolkung – in einem temperierten, nicht zugigen Raum – *einige Male mit der Form gewendet.* Der erste Wendevorgang kann schon nach 15 Minuten erfolgen, dann werden die Zeitabstände jeweils verdoppelt, also nach weiteren 30 Minuten, nach 1 Stunde, 2 Stunden, 4 Stunden etc. Anschließend *stürzt* man *den Käse auf ein trockenes Käsebrett* und nimmt die Form ab. Er wird trocken oder im Salzbad *gesalzen,* trocknet 1–2 Tage ab, wobei man ihn täglich 2 mal wendet. Dann kann der Käse in Alufolie gewickelt und bei 12–15 Grad bis zu 14 Tagen zur Reifung gelagert werden.

2. Kleiner Laibkäse aus Schafmilch

3 bis 5 Liter Schaf-Vollmilch werden eine Stunde nach Säureweckerzugabe auf 30 Grad erwärmt und mit 3 Tropfen Lab je Liter (in etwas Wasser verdünnt) eingelabt. Die *Temperatur sollte auf 30 Grad gehalten werden,* bis die Gallerte in einer weiteren Stunde fest ist. Mit einem Kochlöffel wird ganz langsam gerührt und so die Gallerte *grob gebrochen.* Eventuell kann die Temperatur vorsichtig (im Wasserbad) wieder auf 30 Grad gebracht werden. Es wird so lange *sehr langsam gerührt* und der Bruch dabei weiter zerkleinert – nicht aber verrührt – bis er elastich und fest geworden ist.
Der Bruch wird in Formen abgefüllt und wie beim *Rezept 1* weiterbehandelt. Die Reifezeit beträgt 3–4 Wochen. Bei sehr kühler Lagerung (5 Grad) und guter Pflege hält der Käse mehrere Monate.

3. Vollfetter, milder Schafkäse

Schafmilch, mit frischem Rahm angereichert, wird wie beim Rezept 2 verarbeitet. Es werden allerdings *4 Tropfen Lab* je Liter Milch verwendet, bei 32 Grad wird eingelabt und kurz nach dem Einlaben nochmals vorsichtig an der Oberfläche gerührt, um ein Aufrahmen zu verhindern. *Der Bruch wird besonders vorsichtig gerührt und nur grob zerkleinert.*
Dieser vollfette Käse kann auch bei sommerlichen Temperaturen, gut gegen Fliegen geschützt, in 1–2 Wochen reifen.

4. Weichkäse in Formen

Vorgesäuerte Kuhmilch wird auf 32 Grad erwärmt (Schafmilch auf 30 Grad), und *6 Tropfen Lab* (bei Schafmilch 3 Tropfen/l Milch) werden gut in die Milch eingerührt. Nach etwa *1 Stunde soll die Gallerte fest* sein.
Mit einem Flachschöpfer wird bei diesem Rezept ein *„Deckel"* für jede Form in entsprechender Größe aus der Gallerte gehoben und vorerst auf einen Teller gelegt. Die restliche Gallerte schöpft man gleich in dünnen Schichten in die gelochten Formen. Wenn sich der Käse schon etwas gesetzt hat, etwa nach 10 Minuten, kommen die Deckel obenauf.
Nach 15 Minuten und später, in immer größeren Zeitabständen, *wendet* man die Käse noch *3 bis 5 mal* mit der Form. Am 2. bis 3. Tag sind sie fest genug und werden rundum mit Salz eingerieben.

Der Käse kann nun entweder gleich gegessen werden, oder er wird übertrocknet in Folie verschweißt und kühl gelagert.

5. Gereifter Ziegenkäse

Melkwarm wird die Milch mit Säurewecker angesäuert und nach 1/2 Stunde bei *35 Grad* mit 6 Tropfen Lab pro Liter Milch eingelabt. *Nach 3/4 Stunden* soll die Milch dickgelegt sein. Die *Schnittprobe* wird gemacht und die Gallerte in *2-cm-Würfel* geschnitten. Nach einer weiteren Viertelstunde wird der Bruch in hohe, *zylindrische Lochbecher* gefüllt.

24 Stunden entmolkt der Käse und wird sodann aus der Form genommen. Entweder wird er gleich gegessen und dazu je nach Geschmack gewürzt oder er wird in 2–3 cm dicke *Scheiben geschnitten* und *in Salz gewälzt,* wobei das Salz, welches darauf haften bleibt, belassen wird. *Bei 15 Grad* kann der Käse *1 bis 3 Wochen reifen.* Er wird täglich gewendet. Je länger der Käse reift, desto fester und würziger wird er.

Je nach Geschmack wird der Ziegenkäse mit den verschiedensten Kräutern und etwas Olivenöl zubereitet. Länger haltbar wird der Käse durch Einlegen in Kräuteröl oder in 5%ige Salzlake.

6. Rahmkäse

10 Liter Kuhmilch werden mit *0,1 l frischem Rahm* angereichert und mit 3% Sauerrahm und 10% Wasser gut vermischt. Die Vorsäuerung dauert etwa 1/2 Stunde. Bei fetten Käsen ist die Einlabtemperatur höher. So wird bei *33–35 Grad mit 3 ml Lab* eingelabt. Die Milch sollte bei dieser hohen Temperatur *in 20–30 Minuten dickgelegt* sein.

Rechtzeitig Messerprobe machen!

Möglichst *mit einer Käseharfe* wird die Gallerte in *1 cm große Würfel* geschnitten. Wird mit dem Messer geschnitten, sollte der Bruch verzogen und weiterhin geschnitten werden. Nach einiger Zeit (nach 15–20 Minuten) *erwärmt man schonend auf 35–38 Grad* und rührt ganz leicht, ohne den Bruch zu zerkleinern. Beim Erreichen der Temperatur wird gleich in zylindrische, gelochte Käseformen abgefüllt. Bei hohen Raumtemperaturen bleibt der Käse zum Abtropfen 24 Stunden in den Formen. In dieser Zeit wird er einige Male mit der Form gewendet.

Behält der Käse seine Form, wird er auf ein Käsebrett gestürzt, rundum mit Salz eingerieben und gleich in den Reifungsraum, bei 13–15 Grad und einer hohen Luftfeuchtigkeit, gestellt. Täglich wird er gewendet. Nach einigen Tagen setzen die Käse etwas Schmiere an. Nun werden sie entweder gleich gegessen oder in Wachspapier gewickelt und sehr kühl (5 Grad) gelagert.

7. Pfefferkäse

Ein *Käserohling* kann nach dem Grundrezept oder einem eigenen, abgewandelten Rezept hergestellt werden. Nach dem Salzen wird der Käse *in grünen, schwarzen, bunten,* eventuell *grob gestoßenen Pfefferkörnern gewälzt.* So wird der Käse in Folie gewickelt oder eingeschweißt und in den Reifungskeller gelegt, wo er bei kühlen Temperaturen langsam ausreift.
Die Pfefferkörner können auch schon in den Bruch untergemischt werden.

8. Waldkräuterkäse, Knoblauchkäse, etc.

Blanchierte, frische Kräuter, geschnittener Knoblauch bzw. Bärlauchblätter oder getrocknete Kräuter werden beim Abfüllen des Bruchs in die Formen mit eingestreut. So können, wie beim Frischkäse, die verschiedensten Kräuter und Kräutermischungen verwendet werden. Sonst wird dieser Käsetyp wie der Pfefferkäse weiterbehandelt.

Die abfließende Molke hat natürlich den Geschmack der Kräuter angenommen und kann noch für bestimmte Brotsorten Verwendung finden.

9. Weichkäse in Weinblättern

Nach dem Grundrezept werden *kleine Käserohlinge* hergestellt, gesalzen und einen Tag zum Trocknen aufgelegt. Am 3. Tag werden sie *in Kognak oder Schnaps getaucht, in blanchierte Weinblätter* gewickelt, mit Zwirn verbunden und im Reifungsraum 1 bis 3 Wochen bei 12–15 Grad zum Reifen aufgelegt. Täglich wird der Käse gewendet und dabei kontrolliert.

10. Walnußkäse in Nußblättern

Ein *Käserohling* wird hergestellt und gesalzen. *Aufgekochte, abgeschälte Walnüsse* drückt man sodann rundum in den Käse, taucht diesen anschließend in Kognak, wickelt ihn in blanchierte Walnuß-, Edelkastanien- oder Weinblätter und bindet ihn mit Bast zu. In 1–2 Wochen ist der Käse gereift, da kleine Formen Verwendung finden.

Nur ungespritzte Blätter verwenden!

11. Aschenkäse

Der Weichkäserohling wird nach dem Salzen in feiner, reiner Holzasche gewälzt.

Nur reine Asche von Wacholder, Buche oder Apfelholz etc. verwenden.
Es darf keinesfalls Asche von Kunststoffen, Spanplatten etc. dabei sein!

Die Holzasche verzögert die Reifung und macht den Käse haltbarer. Die Milchsäure wird neutralisiert. Die Salze der Asche wandern in den Käse und beeinflussen das mikrobielle Geschehen und natürlich auch den Geschmack des Käses. Dieser Käse heißt in Frankreich „Cendré".

12. Pecorino in Öl gelegt

Pecorino ist ein weit verbreiteter italienischer Schaf-Weichkäse, der aber mittlerweile auch aus Kuhmilch hergestellt wird.

Vorgereifte Milch wird *bei 34 Grad* mit 3 Tropfen Lab/l versetzt und so *in kurzer Zeit dickgelegt.* Nicht zu spät wird in *1 cm große Würfel* geschnitten und schon nach *1/4 Stunde in Formen abgefüllt.* Der Käse wird gleich obenauf gesalzen, ganz leicht gepreßt und gelegentlich gewendet. Nach 24 Stunden wird er auf ein Käsebrett oder eine Abtropfmatte gestürzt und nochmals gesalzen. Im Reifungskeller reift er 10–20 Tage bei 15 Grad. In Öl gelegt, hält er bei 5° C mehrere Monate.

13. Feta – Salzlakenkäse (Halloumi)

Dieser *griechische Salzlakenkäse* sollte aus thermisierter Schafmilch (30 Sekunden lang auf 68 Grad erwärmt) gemacht werden. Bei 28–33 Grad wird der Milch 5% Säurewecker (Buttermilch) zugefügt und danach *bei 32 Grad mit 2 Tropfen Lab/l eingelabt.* Nach der Schnittprobe schneidet man in *2,5 cm große Würfel,* die bei gleicher Temperatur nachdicken sollen.

Die Griffprobe wird gemacht, der Bruch *in Tücher* oder eckige (Ziegel-)Formen *abgefüllt* und 2 Stunden ungepreßt *entmolkt.* Man preßt ihn weitere 4 Stunden mit einem Gewicht, das dem Käsegewicht entspricht. Nach etwa 24 Stunden kommt er aus der Form auf ein Brett, wo er *in 10 x 13 x 13 cm Blöcke geschnitten* wird. Man wälzt diese in Salz, das eventuell, wie in Zypern, mit Kräutern (Minze) vermischt wurde.

Diese Fetastücke werden übereinander *in ein Gefäß (Dose) geschichtet, mit frischer Molke übergossen und luftdicht abgedichtet.* 10 bis 14 Tage bleibt der Käse so bei 15 bis 18 Grad gelagert. Dann wird ein Loch in den Dosendeckel gebohrt, das entstandene Gas kann entweichen, das Loch wird wieder versiegelt und der Käse so *bei 8 Grad gelagert.*

Salzlakenkäse vor dem Verwenden 1 bis 2 oder mehrere Tage in Wasser legen und dieses täglich wechseln, denn Wasser entzieht dem Käse das Salz.

14. Milder Schafweichkäse

Für 2 Stück etwa 1,5 kg schwere Käse verwendet man 12 l Schafmilch und 1,2 l Wasser (10% Wasserzugabe). Es kann (eventuell) eine kurze Thermisierung bei 65 Grad durchgeführt werden. Anschließend kühlt man sofort auf 32 Grad herunter, setzt Buttermilch als Starter zu und läßt *30 Minuten vorreifen.* Ein Tropfen Lab/Liter, verdünnt in etwas Wasser, wird bei 32 Grad zur Milch gegeben; man läßt diese innerhalb von *60 Minuten dick werden.* Nach der Schnittprobe wird in *2-cm-Würfel* geschnitten, unter Rühren langsam auf *40 Grad erwärmt,* die Molke abgegossen und durch etwa die gleiche Menge Wasser ersetzt. *Der Bruch wird so lange „gewaschen",* bis das Wasser klar abläuft. Die Wassertemperatur sollte ebenfalls 40 Grad betragen.

Die Bruchmasse wird nun geteilt und jede Hälfte in eine Form gefüllt, die mit einem warmen, feuchten Käsetuch (Leinen oder Baumwolle) ausgeschlagen ist. Es wird an einem temperierten, nicht zugigen Ort entmolkt.

Nach 3 Stunden wird erstmals gewendet. *Umtuchen und Wenden* wird noch 3 mal wiederholt, und zwar in Intervallen von 3 bis 4 Stunden. Wichtig ist dabei, das Tuch immer glattzustreichen, um Unebenheiten an der Käseoberfläche zu vermeiden. Über Nacht wird der Käse noch im Tuch belassen, dann herausgenommen und 12 Stunden bei Zimmertemperatur abgetrocknet. (Hat man feinlöchrige Käseformen, kann der Käse auch direkt in die Form, ohne Tuch, gegeben werden. Die Raumtemperatur sollte dann etwa 20 bis 22 Grad betragen.)

Inzwischen muß ein *20%iges Salzbad* vorbereitet werden, in dem die Käse 6 Stunden lang verbleiben. Die anschließende Trocknung geht am besten bei 12 Grad vor sich, zweimal täglich wird gewendet. Fühlt sich die Oberfläche trocken an, soll diese mit Alkohol abgerieben und anschließend eingewachst werden. Die Reifung bei niedrigen Temperaturen dauert 3–4 Wochen. Hohe Luftfeuchtigkeit ist nicht nötig, da der Käse durch die Wachsschichte vor dem Austrocknen geschützt wird.

15. Schwarzenberger Käse

Dieser Käse wird in einer *zerlegbaren Holzform* hergestellt, weil der Käseteig sehr weich bleibt.

Die Milch wird mit 0,5% Buttermilch verrührt und nach 15 Minuten auf *30–32 Grad* erwärmt. Nun wird mit 6–9 Tropfen Lab *eingelabt* und gut verrührt und die Bewegung der Milch sofort gestoppt. Wenn die Milch dick ist (Schnittprobe), wird die *Gallerte geschnitten* und so lange stehen gelassen, bis die *Molke 2 cm über dem Bruch* steht. Dann wird der *Käsebruch vorsichtig* mit einem Flachschöpfer *in die Formen gefüllt* und nach 15 Minuten gewendet. Das Wenden erfolgt noch weitere 4 mal in immer größeren Zeitabständen.

Am nächsten Tag wendet man noch 2 mal und am 3. Tag wird der Käse aus der Form genommen und auf allen Seiten gut gesalzen. So kommt der Käse wieder in die Form. Diese wird erst entfernt, wenn der Käse fest genug ist und sich nicht mehr verformt. Er reift anschließend im *Reifungsraum, der 15 Grad* haben soll. Die Reifungsdauer beträgt 3–4 Wochen. In dieser Zeit wird der Käse öfters gewendet und eventuell mit Molke abgewaschen.

16. Geräucherter Weichkäse

Der *Weichkäserohling* kann, wenn er gut trocken ist, in einem Räucherkasten 1–3 Stunden (je nach Größe) *kühl geräuchert* und anschließend zum Reifen gelagert werden. Der Rauch schließt und schützt die Oberfläche, desinfiziert und macht den Käse haltbar. In südlichen, heißen Ländern werden die meisten Käsesorten geräuchert.

17. Räucherkäse

Teilentmolkter Käsebruch – etwa nach 15 bis 20 Stunden – wird aus der Form genommen, zerrieben, gesalzen und vermischt, fest in eine Schweinsblase gefüllt und so geräuchert.

18. Cádiz

Dieser Käse, ein südspanischer Frischkäse aus Ziegenmilch, ist scharf im Geschmack und hat hirsekorngroße Lochung. Er hat die charakteristische weiße Farbe und das einmalige „wilde" Aroma.
10 Liter Milch werden kurzzeitpasteurisiert (auf 71 Grad erhitzt und sofort auf 30 Grad heruntergekühlt). 3% Buttermilch werden zugefügt und nach 1/2 Stunde bei 30 Grad 2 ml Lab und 3 ml $CaCl_2$ in Wasser verdünnt zur Milch gegeben.
Nach 50 bis 60 Minuten soll die Gallerte schnittreif sein und in 2 bis 4 cm große Quadrate geschnitten. In etwa 50 Minuten sinkt die Temperatur auf 20 Grad und es kann in gerade Lochformen abgeschöpft werden. Während der Abtropfzeit von 24 Stunden wird der Käse 4 bis 5 mal gewendet. Dann wird er rundum gesalzen und bei 10–12 Grad Raumtemperatur und ca. 80% relativer Luftfeuchtigkeit 4–5 Tage zum Reifen aufgelegt. Kühl gelagert ist er 2 bis 3 Wochen haltbar.

WEICHKÄSE MIT ROTSCHMIERE

1. Schnittfester Weichkäse

10–20 Liter frische Vollmilch werden mit 0,5% Säurewecker (Butter- oder Sauermilch) gemischt, nach 1/2 Stunde *bei 33 Grad mit 3 Tropfen Lab pro Liter* eingelabt und im warmen Wasserbad belassen. Schon nach 20–25 Minuten soll die Gallerte schnittfest sein.

Möglichst mit einer Käseharfe werden *Würfel in einer Größe von 0,8 cm* geschnitten und 10 Minuten ruhen gelassen. Hat man keine Käseharfe, schneidet man mit dem Messer, überzieht den Bruch und schneidet nochmals die größeren Stücke, so daß möglichst gleichmäßige Würfel entstehen. Dann wird der Bruch etwa 15 Minuten vorsichtig gerührt, aber nicht zerkleinert.

Wenn sich bereits viel Molke abgesondert hat, wird davon 1/3 abgegossen. Die gleiche Menge 60, höchstens 70 Grad warmen Wassers gießt man unter Rühren wieder hinein. Dieses *Bruchwaschen* dient dazu, *den Bruch schonend auf 33 bis 37 Grad zu erwärmen und ihn gleichzeitig geschmeidig zu machen.* Die Bruchkörner verfestigen sich dabei und die Griffprobe kann gemacht werden.

Der Bruch wird *in 2–3 Formen gefüllt und sogleich gewendet.* Nach weiteren 15 Minuten wendet man nochmals und beschwert den Käse mit einem Gewicht von etwa 1/4 kg. Nach einer Stunde wendet man wieder und preßt mit 1/2 kg, wendet nach weiteren zwei Stunden nochmals und preßt mit 1 kg. Der Preßvorgang dauert insgesamt 4–6 Stunden, bis der Käse die Form behält. Anschließend kommt er gleich 1 Stunde lang in ein 20%-iges Salzbad und wird dann 1–2 Tage trocken gelagert.

Nun wird der Käse *mit einer Rotschmiere-Salzlösung täglich einmal geschmiert,* bis sich eine Rinde gebildet hat und er gelagert werden kann.

Er kann auch, gut trocken, eingewachst und zur weiteren Reifung in den Reifungsraum gelegt werden.

Bei einer *Lagerungstemperatur von 15 Grad* dauert die Reifung 3–4 Wochen.

2. Butterkäse

Kuhmilch wird bei diesem Rezept bei hohen Temperaturen sehr rasch verarbeitet. Die Reifung des Käses erfolgt jedoch bei niedrigen Temperaturen, wodurch er einen geschmeidigen, schnittfesten Teig erhält und butter-mild und fein säuerlich schmeckt. Im Handel hat sich seit etwa 35 Jahren ein paraffinierter Stangenkäse durchgesetzt, ursprünglich wurde Butterkäse aber mit Rotschmiere gereift.

Die Milch wird mit Buttermilch vorgesäuert und nach 15 Minuten *auf 40 Grad* im Wasserbad, unter ständigem Rühren, *erwärmt.* Man labt mit *3 Tropfen Lab je Liter* ein und kann die feste Gallerte schon nach etwa 15 Minuten in *5 cm große Würfel* schneiden.

Gleich danach wird der *Bruch sanft gerührt* und die dabei hochgerührten „Käsesäulen" werden zerkleinert bzw. gebrochen.

Es muß in einem sehr warmen Raum gearbeitet werden, damit die Käsemasse nicht zu schnell auskühlt.

Der Bruch muß ständig in Bewegung bleiben, da er sonst zusammenklebt. Nach 30–40 Minuten hat der Bruch Walnußgröße erreicht. Bei der *Griffprobe* fühlt er sich *gummiartiger* an als ein anderer Weichkäsebruch, weil die Temperaturen sehr hoch waren.
Nun wird in *vorgewärmte Formen abgefüllt* und schon nach 10 Minuten in eine mit einem feuchten, warmen Tuch ausgeschlagene Form umgefüllt. 2–3 mal wird gewendet bzw. umgetucht. Dabei wird *schnell und sorgfältig* gearbeitet, damit keine Faltenabdrücke und Gruben an der Käseoberfläche entstehen.
Nach 4–8 Stunden wird der Käse aus dem Tuch genommen und wieder in die Form zurückgegeben. Er kommt jetzt in einen Raum oder in eine Kochkiste mit einer *Temperatur von 30–35 Grad* und bleibt dort 6 Stunden. Anschließend stellt man ihn wieder zurück in die normal temperierte Käseküche, salzt ihn und läßt ihn einen Tag abtrocknen.
Danach wird er in einen *Reifungsraum mit 5 Grad* und 60–70% Luftfeuchtigkeit gelegt. Er wird regelmäßig gewendet und geschmiert oder eingewachst. Die Reifungsdauer beträgt 1 bis 6 Monate.

3. Schloßkäse-Art

Zur Zeit Kaiser Franz Josephs war österreichischer Schloßkäse überall in den Ländern der Monarchie verbreitet und geschätzt. Er wird in kleinen Laibchen hergestellt, ist fettarm, rindenlos und herzhaft bis deftig. Gut durchgereift ist der Käse weich bis streichfähig und sehr intensiv im Geschmack.
Milch wird im Wasserbad auf *30 Grad* erwärmt, je Liter 1 EL Buttermilch hinzugefügt und gut verrührt. *Der Topf bleibt zugedeckt im Wasserbad* auf gleichmäßiger Temperatur, und *nach 3 Stunden* wird die gut durchsäuerte Milch *bei 30 bis 32 Grad* mit 6 Tropfen Lab je Liter *eingelabt*. Die Gallerte soll sehr rasch fest werden und wird dann *in 1,5-cm-Würfel geschnitten* .
Der Bruch bleibt eine Stunde stehen. Dann wird er unter vorsichtigem Rühren *auf 33–35 Grad erwärmt* und *gleich in kleine zylindrische Formen abgefüllt*, wobei die Molke rasch abrinnen muß. Beginnend mit 100 g pro kg Käse wird er *5 Stunden* lang *gepreßt* und in dieser Zeit 3–4 mal gewendet, wobei der Preßdruck jeweils erhöht wird.
Nach dieser Zeit kommt der Käse aus der Form heraus, wird rundum *kräftig eingesalzen* und in den Reifungskeller gelegt. *Täglich wird gewendet und* mit einer 5%igen Salzlösung, die mit Rotschmierebakterien angereichert wurde, *geschmiert*. Die Rot-

schmiere, die sich am Käse bildet, gibt ihm den würzigen Geschmack. Nach 3–4 Wochen ist er durchgereift.

4. Steppenkäse

20 Liter *vorgesäuerte Vollmilch* werden *bei 30 Grad* eingelabt und *in 30–40 Minuten dick gelegt.* Nun wird der *Bruch verschöpft,* so daß die inneren Schichten nach außen zu liegen kommen und gleichmäßig abkühlen. Nach 5 Minuten, dann nach weiteren 5 Minuten wird jeweils *grob geschnitten,* so daß die Bruchgröße schließlich einer Walnuß entspricht.
Nach 1/4 Stunde wird die Käsemasse im Wasserbad *auf 38 Grad erwärmt,* mit einem Käsebrecher (oder einer Schneerute) gerührt und nochmals gebrochen. Man macht die *Griffprobe,* gießt die ganze Masse in ein Tuch und kann so die meiste Molke rasch abrinnen lassen, *eine Kugel „wiegen"* und diese dann in die Form geben. 24 Stunden wird entmolkt und dabei 4–5 mal gewendet und *leicht gepreßt.* An den 2 folgenden Tagen wird der Käse trocken gesalzen und jeweils gewendet. Er trocknet 1–2 Tage und kommt anschließend in den *Reifungskeller,* wo er zuerst täglich, später 3 mal pro Woche geschmiert wird. Die Reifung dauert *4–5 Monate.*

5. Halbfetter Steppenkäse

Nach dem gleichen Rezept wird halbfette Milch verarbeitet. Der einzige Unterschied besteht darin, daß die *Nachwärmtemperatur nur 36 Grad* erreichen soll.

6. Schnittkäse nach Hohenheimer Art

10 Liter Milch werden *gleich nach dem Melken* mit *5% Säurewecker* versetzt und nach weiteren 15–30 Minuten *bei 30–35 Grad eingelabt.* In 45 Minuten soll die Gallerte dick sein. Dann wird der Bruch vorsichtig in *1-cm-Würfel geschnitten* und nach 10 Minuten *langsam gerührt,* bis der Bruch *Haselnußgröße* hat. 1/3 der Molke wird abgezogen und durch Wasser ersetzt, das 50 Grad hat, damit der Bruch dann etwa 37–38 Grad erreicht. *Er wird durch die Wasserzugabe geschmeidiger.*

> Bei der Griffprobe beim Schnittkäse wird der Käsebruch in die Hand genommen und leicht gedrückt. Das einzelne Bruchkorn soll elastisch sein und dem Druck standhalten. Die Haut ist spürbar, das Bruchkorn reißt nicht auf. Innen ist das verhältnismäßig große Bruchkorn noch relativ weich.

Der Käsebruch wird schnell in *vorgewärmte Formen* abgefüllt, das erste Mal nach 15 Minuten und das zweite Mal nach weiteren 30 Minuten gewendet und schließlich zuerst vorsichtig, dann mit mehr Druck 4–5 Stunden lang *gepreßt.* In dieser Zeit wird er mehrmals *gewendet.* Er darf aber *nicht zu rasch abkühlen.* Nach dem Abtrocknen wird der Käse trocken oder naß gesalzen und bei 14–16 Grad und 80–90% Luftfeuchtigkeit zuerst täglich, später jeden 2. Tag, *gewendet und geschmiert,* bis sich eine *gute Rinde* gebildet hat. So kann er bei 5–8 Grad gelagert werden.

7. Backstein- oder Ziegelkäse

Backsteinkäse, Käse nach Art des Romadur oder Limburger etc. sind technologisch miteinander verwandt. *Sie werden im norddeutschen und holländischen Raum gemacht.* Der Unterschied der verschiedenen Rezepturen liegt im Fettgehalt der Milch und daher in der Einlab- und Bearbeitungstemperatur. Bei Magermilch sind diese niedriger. In Friesland werden dem Bruch Kümmel und Gewürznelken beigemischt. Zur einfacheren Bearbeitung bei größeren Milchmengen werden *eine große Kastenform mit Trennblechen, ein Spanntisch mit Spannbrettchen und ein Salztisch benötigt.* Hat man diese Einrichtungen nicht, kann man sich mit eckigen Formen oder zerlegbaren Holzformen, eventuell auch runden Formen mit Preßdeckel behelfen.

Je nach Region wird Mager-, halbfette oder Vollmilch *bei 30 bis 35 Grad eingelabt* und *rasch dickgelegt.* Mit einer großen Schöpfkelle wird der *Bruch verschöpft,* so daß ziemlich große Bruchkörner (zwischen Ei- und Walnußgröße) entstehen. Behutsam wird *auf 32 bis 37 Grad nachgewärmt* und so der Bruch verfestigt. Er wird *in die Kastenform verschöpft,* mit Trennblechen in die *gewünschte Ziegelgröße* unterteilt und entmolkt.

Dann werden die Käse *auf dem Spanntisch* durch diese Vorrichtung von allen Seiten *gepreßt,* 6 bis 7 mal *umgespannt,* das heißt die Brettchen entfernt, der Käse gewendet und mit den Spannbrettchen wieder eingespannt und so von allen Seiten her gepreßt. Wenn nach etwa 20 Stunden die Käse fest geworden sind, werden sie *auf den Salztisch gelegt, wird Salz darüber gestreut* und durch Zusammenklopfen zweier Ziegel das überschüssige Salz abgeschüttelt. Der Salzvorgang wird bis zu 4 mal wiederholt.

Anschließend werden die Käse *10 Tage lang gewendet und* geschmiert. Die Reifung vollzieht sich in einem 10 bis 14 Grad kühlen Reifungsraum mit hoher Luftfeuchtigkeit.

8. Topfkäse

Es kann sein, daß der Ziegelkäse zu weich geworden ist und zu rinnen beginnt. Der Käse kann noch gerettet werden, indem Topfkäse daraus gemacht wird.

In ein dichtes, *gut gereinigtes Holzfäßchen* wird zuerst eine 1/2 cm starke Salzschichte gegeben. Dann wird der Käse 10 cm dick *ganz fest eingestampft,* darüber werden Salz und feiner Pfeffer gestreut. Diese Schichten werden so lange wiederholt, bis der Käse *5 cm unter dem Fäßchenrand* ist. Nun wird so viel Essig darüber gegossen, wie aufgesaugt wird. Statt des Essigs kann auch eine *dicke Schichte Salz* gestreut werden. Darauf legt man den Holzdeckel und beschwert mit einem Stein. Nach 4–5 Wochen ist der Käse durchgereift.

9. Münsterkäse

Bei diesem Rezept aus den Vogesen wird *kuhwarme Weidemilch bei 33 Grad* eingelabt und in 25–30 Minuten dickgelegt. Man schneidet *in 1–1,5 cm große Würfel* (mit der Käseharfe) und beginnt nach 10 Minuten mit dem Verziehen bzw. Auskäsen. Ist der *Bruch richtig,* das heißt etwa *erbsengroß und elastisch fest,* füllt man ihn in *vorgewärmte Formen* ab. Bei 18–20 Grad wird *entmolkt* und dabei gewendet und gepreßt. Wenn der Käse fest genug ist, kommt er aus der Form. Er wird *trocken gesalzen,* sodann *auf Gitterhorden* oder eine Abtropfmatte gelegt und bei 14 Grad in einem gelüfteten Trockenraum 10–12 Tage lang *getrocknet.*

Wichtig ist ein guter Fliegenschutz.

Die eigentliche Reifung vollzieht sich im *Reifungskeller, der 12–14 Grad* und 90% Luftfeuchtigkeit haben soll. Dort wird der Käse zuerst täglich, später jeden 2. Tag *geschmiert und gewendet.* Nach 4–6 Wochen hat sich die richtige *rötlichgelbe Rinde* gebildet und der Käse ist reif.

10. Kleiner Münster

Der kleine Münster ist ein *runder Schmierkäse* mit anfänglicher Weißschimmelbildung. Auch dieser Käsetyp kommt aus den Vogesen. Die Formen haben 10–15 cm Durchmesser.

Kuhwarme Weidemilch oder 12 Stunden alte Stallmilch wird als Vollmilch oder teilentrahmt verkäst. Bei 22–24 Grad wird 1% Säurekultur zugefügt und nach einer Stunde mit 4 ml je 10 l Milch und *bei 33–35 Grad eingelabt.* Nach 30 Minuten kann geschnitten werden. Zuerst wird in *4–6 cm große* und nach 10 Minuten *nochmals in 2–3 cm große Würfel geschnitten.* Der Bruch wird überzogen und dann gebrochen, so daß er schließlich *Haselnußgröße* hat. Gleichzeitig kann *auf 35–37 Grad nachgewärmt* werden.

Nach der *Griffprobe* wird der Bruch in *vorgewärmte Formen gefüllt* und bereits nach 10 Minuten *gewendet.* Nach 50 Minuten und weiteren 3–4 Stunden wird wieder gewendet und dann aus der Form genommen. Nach 2–3 Tagen wird der schon *gut trockene Käse gesalzen.*

Für 10 Tage kommt der Käse in einen luftigen *Vorreifungsraum,* der 14 Grad haben soll, und wird anschließend in den *Reifungsraum* gelegt, der 12–15 Grad und 85–95% Luftfeuchte hat. *Mit Schmiere wird der Käse gepflegt,* bis er nach 3–4 Wochen reif ist. Er ist dann weichschnittig, mäßig gelocht, leicht speckig und mild. Die Schichte unter der Rinde ist weicher als die Mitte.

11. Pinzgauer Bierkäse

Zentrifugierte Magermilch der Kuh wird mit Ziegenmilch gemischt und so verkäst. Die mit Milchsäurekultur vorgesäuerte Milch wird *bei 28–30 Grad eingelabt* und soll in 40–50 Minuten dickgelegt sein. Dann wird die Gallerte geschnitten und nach 10 Minuten gebrochen, bis der *Bruch sehr klein – wie ein Reiskorn* – ist. Nach 20–25 Minuten wird der *Bruch aus der Molke geschöpft,* mit den Händen zerrieben und in eine Kasten- oder Laibform gedrückt. Das Pressen erfolgt schonend bis zum doppelten Gewicht des Käses. Er wird *6–8 Stunden gepreßt* und dabei 3–4 mal gewendet und kommt *anschließend in den Reifungsraum.* Hat der Käselaib 30 kg, wird er 6–9 mal meist trocken gesalzen oder er kommt für 1–2 Tage in ein Salzbad.
Ab dem 5. Tag wird geschmiert. Die Temperatur sollte im *Reifungsraum 12–15 Grad* und die Luftfeuchtigkeit 90–95% haben. Im Keller bleibt der Käse 2 Monate und kommt danach 3 Monate in einen *Kühlraum mit 8 Grad,* wo er *nachreifen* kann.

12. Beaumont (Savoyen)

Für diese Käseart wurde ursprünglich nur die *Herbstmilch von Weidetieren* verwendet und nur melkfrisch verkäst.
Bei *33–35 Grad wird* die Milch *eingelabt,* so daß sie *in 25 Minuten dickgelegt* ist. Die Gallerte schneidet man in *1-cm-Würfel* und beginnt nach 10 Minuten mit dem *Auskäsen.* Dabei wird *schonend auf 35–37 Grad nachgewärmt.* Der fertige Bruch wird in *mit Tüchern ausgeschlagene Formen* gefüllt und mit *sehr starkem Druck gepreßt.* Dann kommt der Käse aus der Form, wird einen Tag lang trocknen gelassen und kommt in den *Reifungskeller.* Hier wird er trocken gesalzen, täglich gewendet und mit einer schwachen Salzlösung *geschmiert.*

13. Pecorino

Dieser Käse wurde früher nur *aus reiner Schafmilch* gemacht. Heute verwendet man aufgrund der hohen Nachfrage meist eine Kuh-Schafmilch-Mischung oder sogar reine Kuhmilch.
Nach der Vorsäuerung mit 3% Säurewecker wird *bei 34 Grad mit 3 Tropfen* je Liter eingelabt. Die Gallerte wird in 1- cm-Würfel geschnitten, nach 15 Minuten vorsichtig *auf 38 Grad erwärmt* und auf *Haselnußgröße gebrochen.*

> Zu hohe Nachwärmtemperaturen ergeben einen gummiartigen Käsebruch. Er knirscht, wenn man darauf beißt.

Behutsam wird der Bruch *in Formen gefüllt,* leicht hineingepreßt und *gleich obenauf ge-*

salzen und 3–5 mal gewendet. Nach *24 Stunden Entmolkungszeit* lagert man den Käse in einem *Reifungsraum mit 15 Grad,* wendet ihn täglich und wäscht ihn von Zeit zu Zeit mit frischer gesalzener Molke ab. Hat sich eine Rinde gebildet, wird er kühl gelagert.

14. Käse nach Art des Edamer

Vollmilch wird mit Milchsäurewecker geimpft und nach 15–20 Minuten schonend auf 28 Grad (Schafmilch) bzw. auf *30 Grad* (Kuhmilch) erwärmt. Die Milch wird bei dieser Temperatur mit *3–6 Tropfen Lab pro Liter* eingelabt und *nach der Schnittprobe in 1-cm-Würfel* geschnitten. Nun läßt man den Bruch 1/2 Stunde rasten, bis sich Molke absondert, rührt ihn langsam und vorsichtig und *erwärmt auf 36–38 Grad.* Bei dieser Temperatur wird 10 Minuten lang weiter gerührt und gebrochen.
Dann wird die Käsemasse *in ein Tuch geschöpft* oder gegossen, damit *die Molke schnell abrinnen* kann. Im Tuch *wiegt man eine Käsekugel,* die der Größe der Edamer-Form entsprechen soll, in die sie nun kommt. Der Deckel wird aufgesetzt und der Käse *zurück in die warme Molke gestellt.* Er muß ganz mit Molke bedeckt sein und wird *unter der Molke* 15 Minuten lang mit einem Gewicht von 200 g pro kg Käsemasse *gepreßt.*
Sodann wird der Käse *mit der Form aus der Molke gehoben,* gleich gewendet, wieder in die Form gegeben, auf ein Abtropfgitter gestellt, öfter gewendet und mit zunehmendem Gewicht *12 Stunden lang gepreßt.*
Nach dem Preßvorgang wird der Käse aus der Form genommen und *zur Durchsäuerung einen Tag offen im Raum* liegen gelassen.
Das *Salzen* erfolgt im Salzbad oder trocken durch kräftiges Einreiben mit grobem Salz. Danach kommt der Käse in den *Reifungsraum,* wo er 3–4 Wochen lang bleibt. Täglich wird *gewendet und geschmiert.*

15. Käse nach Edamer-Art

Vollmilch oder halbfette Kuhmilch (abgerahmte Abendmilch und volle Morgenmilch) wird mit 1% Säurewecker (Buttermilch) versetzt und nach 1/2 Stunde vorsichtig im Wasserbad *auf 32 Grad erwärmt.*
Sehr hochdosiert wird eingelabt, mit 6–9 Tropfen Lab /l, damit die Gallerte schon *nach 15 Minuten geschnitten* werden kann. Man muß *möglichst fein (0,3–0,5 cm) schneiden,* nach kurzer Zeit langsam *auf 37 Grad erwärmen* und dabei den Bruch nochmals mit *einem Käsebrecher zerkleinern.* Mit Gewürzen (Kümmel, Nelken) wird der Bruch gewürzt und nach 20 Minuten *in der Molke mit den Händen zusammengeschoben* und zusammengedrückt und so ein Striezel geformt. Die Edamerform wird in die warme Molke gestellt, der Käse eingefüllt. Er ragt über die Form hinaus und *ist zur Gänze unter der Molke.* Der Preßdeckel wird aufgesetzt und die Käsemasse sinkt schnell zusammen. Nach 15 Minuten *wendet* man den Käse, stellt ihn *nochmals in die Molke* und *preßt* ihn

Die unter der Molke geformte Käsebruch-Walze wird in die Form geschoben und hineingedrückt.

Der Käse wird aus der Molke gehoben und gewendet, ein Preßdeckel aufgelegt, nochmals in die Molke zurückgestellt und leicht beschwert.

1/2 Stunde lang mit wenig Gewicht. Dann kommt er aus *der Molke* und wird noch 24 Stunden gewendet und gepreßt. Dann wird er aus der Form genommen und ins Salzbad gelegt.
Der Käse kommt in den *Reifungsraum, der 10 Grad* haben sollte und muß dort zuerst *täglich gewendet und geschmiert* werden. Wenn die *Rinde fest* genug ist, wird er mit einer Paraffinschichte oder mit einer *Käsereiwachsschichte* überzogen. So wird er vor dem Austrocknen geschützt. Die Reifungszeit beträgt 3–4 Monate.

SCHIMMELKÄSE

Man unterscheidet Käse mit

Oberflächenschimmel
Innenschimmel
Oberflächen- und Innenschimmel

Schimmel benötigt zum Wachsen Luft und ein Medium, dem er Nahrung entzieht und an das er Ausscheidungprodukte abgibt. Er vermehrt sich über Sporen, bildet ein Myzel, das meist unsichtbar tief in die Nahrungssubstanz eindringt und – je nach Art – an der Oberfläche Wuchsformen, die in Aussehen und Farbe verschieden sind. Nach dem heutigen Stand der Wissenschaft kennt man genießbare, schmackhafte oder schädliche, giftige – meist kanzerogene, also krebsfördernde – Schimmel. *Für den Käse bedeutet es im einen Fall eine Veredelung, im anderen Fall ist er verdorben und kann sogar gesundheitsschädlich sein.*
Es ist wichtig, zu versuchen, den *Ansatzschimmel so zu kultivieren,* daß Fremdschimmel keine Chance hat. Auffällig anders gefärbte Schimmelarten sind sofort zu untersuchen. Sollten sie nicht von einem anderen Edel-Schimmelkäse kommen, ist Vorsicht geboten. Auch wenn der Schimmel an der Käseoberfläche weggeschnitten wird, *befindet sich das unsichtbare Myzel noch im Käse selbst.*

Brotschimmel sind durchwegs schädlich. Ihre Ausscheidungsprodukte, meist Aflatoxine, sind giftig. Angeschimmeltes Brot muß immer als Ganzes weggeworfen werden und ist auch als Tierfutter ungeeignet.

Oberflächenschimmel sind jene Schimmel, die nur auf der Käseoberfläche in Erscheinung treten. Sie tragen zur Reifung und zur Geschmacksbildung – von außen nach innen – bei.
Innenschimmel durchwachsen den gesamten Käseteig. Sie benötigen ebenfalls Luft zum Wachsen, daher werden die Käselaibe meist angestochen.

1. Käse nach Art des Camembert

Aus dem *Weichkäse-Grundrezept* kann guter Camembert gekäst werden. Dazu wird *Camembert-Reinkultur* aus dem Labor benötigt. Je nach Angabe am Beipackzettel wird die Kultur, das sind die Sporen des Schimmelpilzes, in Wasser aufgelöst. Normalerweise genügt für den ersten Versuch eine „Zahnstocherspitze" des Pulvers.
Schon beim Vorsäuern der Milch gibt man in Wasser aufgelöste *Pilzkultur dazu* und rührt gut um.

Nach der *Inkubationszeit von 1/2 bis 1 Stunde* wird *bei 34–35 Grad eingelabt*. Laut Originalrezeptur wird *nach der Schnittprobe nur verschöpft*, damit die Weichkäserohlinge verhältnismäßig geschmeidig bleiben. Es wird in *zylindrische Formen abgefüllt* und mehrmals gewendet, bis die Käselaibchen aus der Form kommen. Man salzt am besten im *Salzbad* (1 bis 2 Stunden, je nach Laibgröße) und fügt auch diesem etwas Pilzkultur zu. Dann werden die Käse zum Trocknen aufgelegt. Sie brauchen dazu etwa 2 Tage und werden 2 mal pro Tag gewendet, bis die *Oberfläche ganz trocken* ist.
Mit einer Blumen-Sprühflasche wird die in Wasser aufgelöste *Camembertkultur* vorerst auf *die oberen Käseflächen gesprüht*. Nach 1–2 Stunden *wird gewendet und wieder oben gesprüht*. Nach weiteren 2 Stunden, wenn die Käse ganz trocken sind, werden sie im *Reifungsraum auf Gitterhorden* gelegt, damit von allen Seiten Luft dazu kommen kann.

Kommt der Käse mit noch leicht feuchter Oberfläche in den Reifungskeller, bildet sich zwar eine Schimmelhaut, die sich aber beim Angreifen großblättrig ablöst.

Vor der erstmaligen Beschickung des Reifungsraumes werden Horden und Wände mit Kultur besprüht. So wird ein optimales Mikroklima geschaffen.
Der Reifungsraum soll 12–15 Grad und 90–95% Luftfeuchtigkeit haben. Hier wird der Käse nicht mehr angegriffen. Schon nach einigen Tagen hat sich rundum Weißschimmelrasen gebildet.
Am 5. oder 6. Tag wird der Käse *vorsichtig gewendet*, damit der Schimmelflaum gleichmäßig wachsen kann. Nach 8–10 Tagen sollte der *Schimmelrasen flächendeckend*, dicht und robust sein. Dieser junge, unausgereifte Camembert hat zwar auch schon seine Liebhaber, ist aber noch nicht wirklich reif.

Bei zu hoher Reifungstemperatur rinnt das Laibchen aus.

Zur vollen Ausreifung wird der Käse in Camembert-*Spezialpapier* verpackt. So kann er in einem separaten *Kühlraum mit 5–8 Grad gelagert* werden.
Gibt es noch keinen eigenen Kühlraum, wird der Käse zur Not in größeren Plastikdosen mit Deckel – der ein wenig geöffnet ist, damit etwas Luft dazukommen kann – im Kühlschrank gelagert.
Die Reifung vollzieht sich von außen nach innen. Er ist zwar in jedem Stadium „fertig“, doch entwickelt er in etwa 5–8 Wochen den besten Geschmack.

Wie auch bei anderen Käsen, ist vor allem bei Schimmelkäse eine Buchführung über Datum, Milch, Verarbeitungszeiten und sonstige Einflüsse wichtig. Die vielfältigen Handgriffe können nur mit Hilfe exakter Aufzeichnungen nachvollzogen und eventuell verbessert werden. Auf der Verpackung wird zur besseren Übersicht das Datum vermerkt.

2. Weißschimmelkäse

Die Milch wird mit Säurewecker (0,5–1% Butter- oder Sauermilch) versetzt und man gibt 10% Wasser dazu. Nach 15 Minuten erwärmt man sie vorsichtig und *labt bei 35 Grad mit 3–6 Tropfen pro Liter ein.* Nach 20–30 Minuten kann die Gallerte schon in *0,5–1-cm-Würfel* geschnitten werden. Der Bruch wird langsam und vorsichtig gerührt, bis sich die Molke stark absondert.

Die Käsemasse füllt man in *große, rechteckige Ziegelformen* und läßt die Molke abtropfen. *Bei 10–15 Grad wird der Käse in den Formen gelagert,* bis sich Weißschimmel zeigt, wobei unter anderem das *Weißschimmelklima des Raumes* eine Voraussetzung ist. Dann wird der Käse aus der Form genommen, vom Schimmel gereinigt, *in kleinere „Ziegel" geschnitten,* gesalzen und bei 10 Grad ungefähr 4–6 Wochen gelagert.

3. Ziegen- oder Schafmilch-Camembert

Rohmilch wird erwärmt, 10% Wasser werden zugefügt und die Milch wird bei *34 Grad mit 3 Tropfen Lab* pro Liter eingelabt. Durch Hinzufügung von *Camembertkultur und Säurewecker – 30 Minuten vor dem Einlaben* – wird sichergestellt, daß sich der Pilz auch wirklich in die gewünschte Geschmacksrichtung entwickelt.

Nach der *Schnittprobe,* nach etwa 1/2–1 Stunde, wird die Gallerte *mit einer flachen Schöpfkelle* herausgehoben und *gleich in hohe gelochte, zylindrische Formen gefüllt,* die zum Abtropfen aufgestellt werden. Der Käse wird einige Male mit der Form gewendet. Wenn er fest genug ist, kommt er aus der Form heraus, wird eventuell in dünnere Scheiben geschnitten und gesalzen. Man läßt ihn *abtrocknen, besprüht ihn mit Camembertkultur* und läßt ihn wieder übertrocknen.

Bei 15 Grad werden die Käselaibchen zum Reifen auf *Gitterhorden* aufgelegt. Nach einigen Tagen zeigt sich bereits Weißschimmel. Wenn der *Schimmelrasen* nach 1–2 Wochen dicht ist, wird der Käse verpackt und bei tiefen Temperaturen (5 Grad) *3–6 Wochen gelagert.*

4. Weißschimmelkäse nach Art des Brie

Camembert wurde erst vor relativ kurzer Zeit (18. Jh.) aus Rotschmierekäsen entwickelt. Viel älter ist Brie, der urkundlich schon im 13. Jh. erwähnt und auf dem Wiener Kongreß (1814/15) zum König der Käse gekrönt wurde. Beide Käsearten ähneln sich in Rezeptur, Aussehen und im milden, charakteristischen Geschmack.

In Frankreich werden Camembert und Brie seit jeher aus Rohmilch gekäst. In den übrigen Ländern wird die Milch meist pasteurisiert oder thermisiert, dabei nimmt man eine andere Geschmacksnuance in Kauf. Wird nicht pasteurisiert und läßt man die Käse bis zur Vollreife lagern, so ist auf höchste Sauberkeit zu achten und dabei die Entwicklung

der Schimmelrasen zu beobachten. So können die geschmacklichen Vorteile des Rohmilchcamemberts voll zur Geltung kommen.
Der Milch (roh, pasteurisiert oder thermisiert) werden bei 22–25 Grad *Schimmelkultur* (Penicillium candidum) und *Säurestarter* zugesetzt und man läßt sie 30 Minuten vorreifen. *10% Wasser* werden *zugefügt*, dann wird *auf 33 Grad erwärmt* und mit *0,2 ml Lab/l* (3 Tropfen/l) eingelabt.
Nach 1 Stunde wird in *2-cm-Würfel* geschnitten *oder nur verschöpft*, wie es das ursprüngliche Rezept vorsieht. Nach weiteren 15 Minuten wird der *Bruch vorsichtig überzogen*, die meiste Molke abgezogen und der Bruch in *große runde, flache Lochformen* gefüllt (Durchmesser 25–30 cm, Höhe 15 cm).
Bei 24 Grad entmolkt der Käse ca. 20 Stunden und wird dann 1–2 Stunden im Salzbad *gesalzen*.
Wird der Käse aus dem Salzbad genommen, kommt er auf Gitterhorden, *trocknet 1–2 Tage ab* und wird sodann *mit aufgelöster Pilzkultur allseitig übersprüht*. Gut trocken kommt er in den *Reifungskeller*, wo bei 14 Grad und 95% Luftfeuchte sich der Pilz innerhalb von 10 Tagen entwickelt. Dann wird der Käse *in Spezialpapier verpackt* und 3–4 Wochen reifen gelassen.

5. Camembert mit Rotschmiere

Für diesen Käsetyp werden *zwei Schimmelkulturen* verwendet. Beim Vorsäuern kommen *Camembertkulturen in die Milch*. Käserohlinge werden hergestellt und im *Salzbad*, dem *Rotschmierekultur* beigefügt wurde, gesalzen. Nach dem *Abtrocknen* wird *auf die Käseoberflächen wieder Camembertkultur gesprüht*. So erhält der Käse zuerst eine feine Rotschmiereschichte, auf der sich Camembertschimmel ausbreiten kann. Die Reifung erfolgt von außen nach innen. Er wird sonst wie bei Rezept 3 behandelt.

Bei allen Schimmelkäsen ist es wichtig, daß einwandfreie Reifungsräume vorhanden sind und kein Fremdschimmel eingeschleppt wird.

6. Altenburger Ziegenkäse

10 Liter Milch werden thermisiert oder pasteurisiert und *bei 35 Grad mit 2–4% Säurewecker, 3 ml* $CaCl_2$, *1 ml Rotschmiere-* und *2 ml Weißschimmelkultur* versetzt. Nach 40 Minuten wird bei gleicher Temperatur mit *3 ml (45–55 Tropfen) Lab* eingelabt. Nach einer Stunde wird bei gleicher Temperatur in *1 cm große Würfel* geschnitten. Den Bruch läßt man nachdicken und verzieht ihn dann und *zerkleinert auf Erbsengröße*. Kümmel wird untergemischt und die Masse in vorgewärmte Formen gegossen. 12 Stunden wird entmolkt, öfter gewendet und eventuell leicht gepreßt.
Man salzt im Salzbad, läßt gut abtrocknen und sprüht Weißschimmelkultur über die Rohlinge.

Trocken kommen sie in den Reifungsraum, der 12–15 Grad und 85% Luftfeuchtigkeit hat.
Der fertig gereifte Käse sollte außen einen geschlossenen Weißschimmelrasen haben und an den Rändern sollte die Rotschmiere sichtbar werden. Innen ist er weiß bis leicht rahmgelb.

7. Doppelschimmelkäse

Dieser Käse erfordert einige Erfahrung, auch was das Verhalten der Schimmelkulturen betrifft, da sich diese gegenseitig hemmen.
Es wird das Weichkäse-Grundrezept verwendet. Der eventuell mit Rahm angereicherten Milch wird mit dem Säurewecker *reine Grünschimmelkultur* zugefügt. Dann wird der Käserohling hergestellt.
Nach dem Salzbad, dem *Camembert-Kultur* beigemischt werden kann, *wird der Käse pikiert,* damit Luftzutritt die Schimmelbildung auch innen ermöglicht. Mit einer 5 mm starken, sterilisierten Stricknadel sticht man den Käse öfters an. *Mehrere Stiche ergeben eine stärkere Entwicklung des Schimmelpilzes.* So bekommt ein Käse von 30 cm Durchmesser ca. 35 Stiche. Ein Nagelbrett in der Größe des Käses erleichtert die Arbeit.
Dann wird der Käse – wie im Camembert-Rezept angegeben – behandelt und eventuell noch mit Camembertkultur besprüht. So wird der Käse innen würzig und außen mild schmecken.
Die Stichöffnungen dürfen sich während des Reifungsprozesses nicht verschließen, dies kann bei zu hohen Temperaturen unter Umständen der Fall sein. Die *Käseoberfläche muß daher öfters abgeschabt werden,* damit wieder Luft in die Stichöffnungen gelangen kann. Abwischen würde die Einstiche verkleben.

Schimmel fördert die Spaltung des Milchfettes, so entsteht der spezifische Geschmack. Grünschimmelkäse wird daher aus fettreicher Milch verkäst.

8. Edelpilzkäse – Käse nach Roquefort-Art

Der *echte Roquefort, dessen Name ebenfalls geschützt ist,* wird aus reiner Schafmilch hergestellt und hat daher einen vollen, rassigen Geschmack. Verwendet man Kuh- oder Ziegenmilch, gibt man Rahm dazu. Als Rezept kann das Grundrezept von Weichkäse verwendet werden.
Beim Abschöpfen des Bruchs in Formen wird *Grünschimmelkultur zwischen die Lagen gestreut.* Der Käserohling wird etwas stärker als die anderen Käsesorten gesalzen.
Nach dem *Trocknen* wird er *mit Camembertkultur besprüht* und, wieder trocken, *pikiert* und auf *Gitterhorden in den Reifungskeller* gelegt. Zuerst bekommt er einen Weißschimmelbelag, der mit Salzwasser abgewaschen wird.

Die Reifungszeit beträgt 4–6 Wochen. Während dieser Zeit wird der Käse *öfter abgeschabt und gewendet,* und der Schimmel durchwächst ihn in den Luftkanälen. Dann wird der Käse gut und fest in Alu-Folie verpackt und *bei 5 Grad gelagert.*

9. Käse nach Art des Gorgonzola

Das norditalienische Pendant zum Roquefort ist der Gorgonzola, der je nach verschiedener Herstellungs- und Reifungsart, mild oder scharf pikant ist. Wie beim echten Roquefort gibt es auch hier Geheimnisse und Feinheiten in der Bearbeitung, die jeder Hersteller hütet und schützt. Hier kann wieder nur eine Rezeptanregung gegeben werden.

Abend- und Morgenmilch werden vermischt, *mit Rahm angereichert* und mit Säurewecker versetzt. In diese Milch wird nun *Gorgonzolakultur gemischt* und 30 bis 45 Minuten lang stehen gelassen.

Reine Gorgonzolakultur ist in einem Käsereilabor erhältlich. Als Notlösung und zum Ausprobieren kann von einem guten Käse ein Stück in warmem Wasser aufgelöst werden. Dabei ist aber größte Vorsicht geboten, denn die Kultur verbreitet sich im ganzen Käseraum!

Die Milch wird sodann auf *30–32 Grad erwärmt* und mit *6 Tropfen Lab je Liter* eingelabt. Wenn die Milch dick genug ist, das ist nach 45 Minuten, wird die Gallerte in *Würfel von 1 cm Größe* geschnitten. Nach einigen Minuten wird der Bruch in *zylindrische Formen* gefüllt und *mit leichtem Druck gepreßt* und öfter gewendet. Am nächsten Tag ist der Käse fest genug und kann aus der Form genommen werden.

Der Käse wird bei Zimmertemperatur 2 Tage lang trocknen gelassen. Dann kommt er in einen *speziellen Lagerraum, der 10–12 Grad und 85–95% Luftfeuchtigkeit* haben sollte. Ist der Raum zu trocken, können behelfsmäßig nasse Tücher aufgehängt werden.

Sobald sich der Schimmel zeigt, wird der Käse *mit Salz eingerieben* und mit einer Nadel öfter angestochen, *pikiert.* Wenn der Käse mit Schimmel gut durchzogen und überwachsen ist, wird er in Alu-Folie gewickelt und in einem kühlen Raum *bei 5 Grad gelagert.*

SCHNITT- UND HARTKÄSE

ALLGEMEINES

Als Hartkäse wird Käse bezeichnet, der

– einen *Wassergehalt* von höchstens 56% in der fettfreien Käsemasse hat,
– einen *geschmeidigen bis harten Teig* mit einer rezeptspezifischen Lochung aufweist,
– einen *Fettgehalt* zwischen 15 und 50% F.i.T. hat,
– eine *Reifungszeit* zwischen 2 und 36 Monaten benötigt und
– bei dem eine sorgfältige *Rindenpflege* erforderlich ist.

Im Kapitel Weichkäse waren schon Rezepte dabei, die den Weg in Richtung Hartkäse aufzeigten. So wurde dort bereits der Bruch nachgewärmt und im Tuch rasch entmolkt, in den Formen leicht gepreßt, die Käseoberfläche mit einer Rotschmierelösung gepflegt und eine Reifungszeit eingehalten.

Der Unterschied zum Weichkäse liegt in der Bearbeitung und der langen Reifungszeit. *Es bedarf einer größeren Erfahrung, peinlichster Reinlichkeit* und einer hervorragenden Milchgüte. Fehler treten in der langen Zeit der Reifung noch unbarmherziger auf und zeigen, wo etwas falsch gemacht wurde.

Vielfach wird am Bauernhof rohe Milch gleich nach dem Melken verkäst, und man hat dabei die besten Erfahrungen gemacht. Bei größeren Verarbeitungsmengen ist *das Pasteurisieren sicherlich sinnvoll,* denn in der langen Reifungszeit könnte sich der Käse sehr leicht zu seinem Nachteil verändern. Es ist jedoch kaum möglich, die sogenannte „Silomilch" für Hartkäse zu verwenden.

Milchmengen werden etwa ab 50 bis 100 Litern und darüber verarbeitet, so daß große oder viele kleinere Käselaibe aus einer Partie hergestellt werden.

In der bäuerlichen Käserei stellt sich die Frage nach Hartkäse vor allem dann, wenn täglich große Milchmengen zu verarbeiten sind, oder wenn vorübergehend der Absatz von Weich- und Frischkäse zu gering ist; aber auch um milcharme Zeiten zu überbrücken oder den Wünschen der Konsumenten nachzukommen.

Dieses Buch kann für die Hartkäseerzeugung am Bauernhof *nur als Anregung dienen.* Wer sich spezialisieren will, sollte unbedingt *Kurse* (z. B. in einer Molkereifachschule) absolvieren, *eine eigene Käserei einrichten,* spezielles Gerät – einen großen Käsekessel, viele Formen, eine Käseharfe – anschaffen und vieles noch beachten, *bevor überhaupt begonnen werden kann.*

Es spricht jedoch nichts dagegen, in der bäuerlichen Küche die ersten Versuche mit 10, 20 oder 50 Litern Milch zu machen. Die Geräte müssen allerdings an die Milchmenge angepaßt sein, die Rezepte können nach den vorhandenen Gegebenheiten, Möglichkeiten und eigenen Erfahrungen abgewandelt werden. Zu beachten ist dabei, daß kleinere Käselaibe schneller reifen, aber auch leichter austrocknen können. Ein guter Reifungsraum, tägliche Pflege und Kontrolle sind wesentlich. Eine gewisse Erleichterung und Sicherheit kann durch Pasteurisieren, Einwachsen oder Räuchern der Laibe erzielt werden.

ALLGEMEINE HERSTELLUNGSANLEITUNG FÜR SCHNITT- UND HARTKÄSE

Mindestens 10 Liter, meist jedoch ab 50 bzw. 100 Liter Milch oder mehr verkäsen.

- *Pasteurisierter Milch* wird 10 g Calciumchlorid ($CaCl_2$) pro 100 Liter Milch zugefügt.
- *10% Wasserzugabe* bei Kuh- und Ziegenmilch, bis zu 30% Wasserzugabe bei Schafmilch für eine bessere Bearbeitung und einen geschmeidigeren Teig.
- Zugabe von *0,5–3% Säurekultur und Spezialkulturen* wie z. B. Propionsäure für Emmentaler.
- *Inkubationszeit* 15 Minuten bis 1 Stunde.
- *Erwärmen auf 34–40 Grad,* je nach Rezept.
- *Einlaben* mit 15–20 ml/100 l Milch oder 1–3 Tropfen/l.
- *Gerinnungszeit* 15–30 Minuten.
- *Dicklegungszeit* 30–60 Minuten.
- *Vorschneiden* in 0,5–1 cm große Würfel mit der Käseharfe.
- 5 bis 10 Minuten *nachdicken lassen* und eventuell nochmals schneiden oder rühren.
- *Brennen oder Nachwärmen* des Bruchs auf 36–50 Grad in einer Zeit von 45–60 Minuten unter ständigem Rühren.
- *Auskäsen* je nach Käseart und Rezept: Bruch umlegen oder Bruch verziehen, ausrühren, brechen oder Bruch waschen.
- Bruch *absitzen lassen* und ev. unter der Molke vorpressen.
- Herausheben mit großen Tüchern, die meiste *Molke rasch abrinnen lassen,*
- (eventuell „cheddaring").
- Bei Milchmengen bis 20 l im Tuch eine Kugel formen.
- Den Bruch bzw. die Kugel *in eine Form oder einen Jerb füllen.*
- 24 Stunden *pressen* mit anfangs geringem Druck, der bei jedem *Wenden* gesteigert wird. Der Preßdruck und die Zeit richten sich nach Größe und Art des Käses.
- Gewendet wird zuerst in kürzeren, später in längeren Zeitabständen. Gegebenenfalls wird umgetucht.
- In den Formen noch ca. 18 Stunden *durchsäuern lassen* und anschließend aus der Form nehmen.
- *Salzen:* entweder trocken oder im Salzbad, wobei Salzmenge und Dauer nach Laibgröße unterschiedlich sind.
- *Schmieren:* zuerst täglich bei jedem Wendevorgang, später jeden 2. Tag und dann in noch längeren Abständen, ca. 6 Wochen lang.
- Eventuell gegen Austrocknen des Käses *einwachsen oder ölen oder räuchern.*
- *Reifen und lagern* der Rezeptur bzw. den örtlichen Gegebenheiten entsprechend 2 bis 12 Monate und darüber.

Alle Bearbeitungsschritte wurden schon beim Weichkäse genau beschrieben. Es kann also vorausgesetzt werden, daß durch *die gesammelten Erfahrungen* mit Frisch- und Weichkäse bereits alles bekannt ist, was für die Herstellung eines guten Käses notwendig ist. Darüber hinaus wird bei den einzelnen Rezepten versucht, die Besonderheiten in der Verarbeitung zu erklären. Wesentliches wird jedoch hier nochmals hervorgehoben.

Die *Milch* muß *bester Güte* sein, soll *keine Silomilch* und nicht unter 10 Grad abgekühlt worden sein.

Rohmilch wird am besten gleich nach dem Melken vorgesäuert und sodann verkäst.

Im Wasserbad *wird pasteurisiert* und nach sofortiger Abkühlung auf etwa 34 Grad wird *Calciumchlorid* zugefügt.

Mit *1–3% Säurestarter* wird vorgesäuert und nach der Inkubationszeit *10 bis 30% Wasser* zur besseren Bearbeitung beim Auskäsen zugefügt. So wird auch ein geschmeidiger Teig erreicht.

> *Bei jeder Wasserzugabe ist die Wassergüte unbedingt zu beachten.*

Es wird vorsichtig auf die *Einlabtemperatur* von 34 bis 38 Grad erwärmt und mit 1–2 ml Lab oder 10–30 Tropfen auf 10 l Kuhmilch eingelabt. Das in Wasser verdünnte Lab wird gut eingerührt und *der „Dreh" gleich gestoppt,* damit eine gleichmäßige Gallerte entsteht. Wird bei hohen Temperaturen eingelabt, stockt die Milch sofort und erzeugt „Wirbel", wenn die Milch nicht ruhig gestellt wird. Dies ergibt dann einen ungleichmäßigen Bruch und eine schlechtere Ausbeute.

Die Milch muß nun *abgedeckt bei gleichmäßiger Wärme* und erschütterungsfrei gehalten werden. Das Wasserbad darf nicht heißer sein oder werden, und die Milch nicht zusätzlich um mehr als 1–2 Grad nachwärmen. *Daher soll auch das Wasserbad mit dem Thermometer beobachtet werden.*

Die *Gerinnungs- und Dicklegungszeiten* sind nach den Rezepten einzuhalten und betragen zwischen 15–30 bzw. 30–60 Minuten.

> *Die Schnittprobe ist wichtig, denn der richtige Zeitpunkt des Schneidens und Brechens bestimmt die optimale Ausbeute.*

Der *Bruchbearbeitung* wird große Aufmerksamkeit gewidmet.

Unter *Vorkäsen* versteht man das Schneiden, Verschöpfen, Umlegen und Verziehen des Bruchs.

Nach der *Messerprobe* wird die Gallerte meist *mit der Käseharfe gleichmäßig geschnitten.* Bei großen Milchmengen und regelmäßiger Hartkäseerzeugung stellt die Verwendung einer Käseharfe eine große Arbeitserleichterung und Zeitersparnis dar.

Nur bei anfänglichen Versuchen kann bei kleinen Milchmengen behelfsmäßig noch *mit*

Das Beimpfen der Milch mit Milchsäurebakterien. Das Bild zeigt ein einfaches, wirksames Wasserbad, wie im Anhang beschrieben: ein Emailkessel schwimmt in einem Plastikschaff. Mittels je einem Zu- und Abfluß kann die Temperatur genau geregelt werden.

Hier wird die Labmenge mit einem Meßzylinder dosiert. Im Hintergrund das Thermometer fürs Wasserbad. Aus hygienischen Gründen verwenden wir eigene Thermometer für Milch und Wasserbad.

Die Einlabtemperatur hat einen großen Einfluß auf die Entstehung des Käses und soll genau eingehalten werden.

Wir schneiden mit einem langen Messer in gleichmäßige Quadrate. Das Wasserbad hält die Temperatur.

Mit dem Schneebesen wird der Bruch verrührt . . .

dem Messer geschnitten werden. Man muß genau arbeiten, damit ein gleichmäßiger Bruch entsteht. *Große Bruchstücke müssen beim Umlegen oder Verziehen zerteilt werden.*

Je gleichmäßiger der Bruch ist, desto besser entmolkt der Käse und desto besser wird die Güte des Käses.

Bei manchen Rezepten wird noch vor dem Schneiden *verschöpft.* Dabei werden mit einem flachen Schöpfer Teile der Gallerte von der Mitte zum Rand gehoben. So kann die Käsemasse langsamer und gleichmäßiger auskühlen. Auch die Molke beginnt dabei langsam auszutreten. Später wird dann mit der Käseharfe geschnitten.
Bei anderen Käsesorten wird, nachdem sich der Bruch etwa 5–10 Minuten gesetzt hat, nochmals geschnitten.

Durch sanfte Bearbeitung geht weniger Käse-Eiweiß in die Molke ab.

Größe und Gleichmäßigkeit des Käsebruchs sind für jedes einzelne Rezept von Bedeutung.

Je kleiner die Korngröße ist, desto härter wird der Käse.

Der Bruch kann auch, sobald sich etwas Molke an den Schnittflächen abgesondert hat – das ist ungefähr nach 10 Minuten –, vorsichtig *umgelegt* oder *mit dem Verziehblech verzogen* werden. Dadurch kommen die wärmeren Schichten, die sich unten befinden, nach oben und die bereits etwas ausgekühlteren gelangen nach unten und man erreicht, daß sich die ganze Käsemasse gleichmäßig abkühlt.
Es ist für die *Käseausbeute* von Bedeutung, den Bruch anfangs sehr, sehr vorsichtig zu bearbeiten. Später, wenn er etwas gefestigt und schon viel Molke ausgetreten ist, also die einzelnen Bruchkörner bereits eine gewisse Festigkeit haben, kann rascher, aber nicht zu heftig gearbeitet werden.
Auf *gleichbleibende Wärme* im Käseraum ist zu achten. Es darf nicht ziehen oder im Winter durch öfteres Türöffnen zu kühl werden. Man sagt „der Käse verkühlt sich". Der Bruch kann dadurch verspätet oder ungleichmäßig fest werden.
Das *Vorkäsen* dauert ungefähr eine Dreiviertelstunde. Danach kann mit dem Auskäsen begonnen werden.
Nun wird der Bruch nachgewärmt, indem die Käsemasse, entsprechend den jeweiligen Rezepten, im Kessel wieder erwärmt wird. Die Temperaturen sollen je nach Rezeptur *zwischen ca. 38 und 55 Grad* erreichen. Dabei wird der Bruch ständig vorsichtig *gerührt und gleichzeitig gebrochen,* bis die angegebene Temperatur erreicht ist.
Die Käsemasse darf sich nicht vorzeitig festigen, zusammenklumpen oder ungleichmäßig rasch erwärmt werden.

. . . und langsam bis auf die erwünschte Größe gebracht.

Nachwärmen. Damit der Bruch sich nicht festsetzt, muß gleich wieder gerührt werden.

Wird der Bruch ungleichmäßig erhitzt, ungleichmäßig fest – z.B. wenn nicht gerührt wird oder die Käsemasse ohne Wasserbad erhitzt wird –, wirkt sich das in einer verminderten Käsequalität aus. Wird der Bruch zu hoch erhitzt, wird er „totgebrannt" und knirscht zwischen den Zähnen.

Ist die angegebene Temperatur erreicht, wird der Bruch *mit dem Käsebrecher ausgerührt.* Dabei werden die Bruchkörner kleiner und verfestigen sich. Dieser Vorgang dauert je nach Temperatur und gewünschter Bruchkorngröße unterschiedlich lang.
Jeder Käser *hat rasch im „Griff"*, wann der Bruch zum Abfüllen richtig, das heißt fertig verkäst ist. Der Anfänger wird es durch Probieren und Beobachten lernen. Greifen Sie öfter in den Käse!
Die *Griffprobe* kennen wir schon. Beim Angreifen eines Bruchkornes greift und fühlt man die entsprechende Festigkeit. Es soll weich, elastisch, aber doch deutlich fester als beim Weichkäse sein. Man kann mit der Hand etwas vom Bruch herausnehmen, ihn zusammendrücken und die Hand wieder öffnen. Nun müssen sich *die einzelnen Bruchkörner leicht auseinanderbröckeln lassen.* So ist die Käsemasse fertig verkäst und bereit zum Abfüllen.
Bei einigen Käsearten wird der *Bruch* allerdings noch *gewaschen, um einen geschmeidigeren Käseteig zu erhalten.* Dazu wird immer wieder etwa 1/3 der Molke abgezogen und durch warmes Wasser ersetzt, bis das Wasser klar ist. *Die Temperatur des Wassers* kann ein Nachwärmen oder Abkühlen der Käsemasse bewirken und *sollte daher genau gemessen werden.*
Hört man mit dem Rühren auf, setzt sich der Bruch sofort ab und schließt sich zusammen. Das macht man sich bei einigen Käserezepten *(Cheddar)* zunutze und schiebt und preßt ihn, meist händisch, im Kessel zusammen. *Das Vorpressen der Käsemasse* kann auch in einem Vorpreßkorb mit geringem Druck unter der Molke erfolgen. Die Molke rinnt schnell ab, der Käse bleibt warm und gleichzeitig wird dadurch die Konsistenz des Käseteiges beeinflußt.
Diesen *vorgepreßten Käsekuchen* kann man unterschiedlich *weiterbehandeln,* entweder schneiden, zerreiben, gleich salzen, umschichten oder pressen.
Wird nicht vorgepreßt, wird der fertige Bruch mit einem Tuch *als Ganzes aus dem Kessel gehoben.* Bei kleineren Mengen bis zu 20 l kann die Käsemasse in das Tuch, das über einem entsprechend großen Gefäß befestigt wurde, gegossen werden. An den Tuchzipfeln wird fest gehalten und *die Masse im Tuch zu einer Kugel geformt.* Dabei läßt man sie langsam von einer Seite zur anderen gleiten. Die Molke kann dadurch gut und schnell abrinnen. Bleibt der Käsebruch am Tuch hängen und wird die Kugel aufgerissen, war der Bruch noch nicht fertig verkäst.

Je mehr Molke gleich rasch abfließt, desto schneller und besser wird der Käse beim Preßvorgang entmolkt.

Griffprobe: Einige Bruchkörner in die Hand nehmen. Wenn sie locker auseinanderfallen, ist der Bruch reif zum Abfüllen.

Eine einfache Abfüllmethode: Nesseltuch in die mit kochendem Wasser desinfizierte Abwasch legen und das Bruch-Molke-Gemisch hineinleeren. Vorsicht: Auf umweltverträgliche Molken-Entsorgung muß geachtet werden.

Die fertige Käsemasse wird in die entsprechenden, *geraden Formen oder Käsereifen (Jerbs)* eingefüllt. Bleibt der Käse im Tuch, wird dieses möglichst faltenfrei hineingelegt.

Der Käse wird *sofort beschwert* und zuerst wird mit weniger Druck, *nach jedem Wenden mit erhöhtem Druck gepreßt*. Eine *Käsepresse* kann gute Dienste leisten, denn sie kann genau eingestellt werden. Bei großen Laiben ist oft ein sehr hoher Preßdruck erforderlich. *Bei kleinen Laiben* kann mit immer mehr *gefüllten Flaschen oder Gläsern und Gewichten improvisiert werden*. Nach jedem Wendevorgang wird der Druck erhöht, bis das 10- bis 20fache Gewicht des Käsegewichtes erreicht ist. *Je stärker gepreßt wird, desto mehr Molke rinnt ab und desto härter wird der Käse.*

Eine alte Mostpresse kann gegebenenfalls als Käsepresse verwendet werden, oder man macht sich eine einfache Presse selbst.

Beim *Wenden* wird der Käse aus der Form genommen, umgedreht und wieder in die Form gleiten gelassen, mit dem Preßdeckel abgedeckt und *gepreßt*. Es wird jeweils nach 15 und 30 Minuten, dann nach 1, 2, 4 und 8–12 Stunden gewendet und mit zunehmendem Gewicht gepreßt.

Ist der Käse *nach 24 Stunden fertig gepreßt*, bleibt er noch einige Zeit, etwa 12 Stunden, zum *Nachsäuern* unbeschwert in der Form, wird dann herausgenommen und bleibt zum *Trocknen* 1–2 Tage offen liegen. Beginnt sich nun jedoch der Käse zu verformen und bekommt einen „Bauch", kann man ihm ein Tuch umbinden oder einen Jerb darübergeben und fest zubinden. So bleibt er dann noch einen weiteren Tag liegen.

Der Käselaib wird meist in einem *Salzbad gesalzen* oder, je nach Größe, 6 bis 9 mal mit Salz eingerieben. Nach dem Salzbad oder dem Trockensalzen wird der Käse wieder abtrocknen gelassen und dann meist *geschmiert, bis sich eine feste, geschlossene Rinde gebildet hat*. Der Schmiervorgang ist im Kapitel Weichkäse schon genau beschrieben worden. Auch beim Hartkäse kann als Schmiere entweder eine leichte Salzlösung, Rotwein, Bier oder eine Rotschmierelösung verwendet werden. Die Käselaibe werden zuerst *täglich gewendet, geschmiert und kontrolliert*.

Hat der Käse eine gute, feste Rinde gebildet, wird er zum Reifen in den *Reifungskelle*r gelegt. Er kann eingewachst werden, wenn keine geeigneten Reifungsräume vorhanden sind. Bei der in den Rezepten angegebenen Reifungstemperatur wird der Käse dann gelagert und reift in der erforderlichen Zeit aus. *Tägliches Wenden und stete Kontrolle* sind aber notwendig.

Einwachsen ersetzt die Rindenpflege, nicht aber das Wenden des Käses.

Das Käsestück muß dazu *keimfrei* gemacht werden. Dazu taucht man den Käselaib kurz in kochende Salzmolke oder Salzwasser (1 Liter Wasser und 20% Salz), läßt ihn – eventuell im Käse-Kühlschrank – gut abtrocknen.

Die *Wachsschicht* verhindert das Austrocknen des Käses und schützt vor Fliegen und Fremdschimmelbefall.

Pressen des eingetuchten Käses: Wir legen ein passendes Holzbrett in die Form . . .

. . . und stellen darauf eine mit Wasser gefüllte Zwei-Liter-Flasche. Zwei Schlauchenden halten die Flasche gerade.

Bei jedem Wenden wird der Käse umgetucht.

Für den Hausgebrauch gibt es zwei Methoden, *das Wachs zum Schmelzen zu bringen.*

a) *Im Backrohr,* bei 120–140 Grad, wird das Käsereiwachs oder Paraffin in einem eigenen Wachstopf geschmolzen. Dieser Vorgang dauert zwar verhältnismäßig lang, andererseits wird das Wachs hoch erhitzt und somit steril. Der Käse wird zuerst halbseitig darin eingetaucht und nach dem Trocknen die andere Seite mit einer ersten dünnen Wachsschichte überzogen. Wenn das Wachs etwas überkühlt ist, bekommt er in gleicher Weise eine zweite, etwas dickere Schichte.

Vorsicht vor Verbrennungen!

b) *Mit etwas Wasser wird das Wachs in einem Wachstopf am Herd geschmolzen* und bis zum Siedepunkt erhitzt. Der Käse wird nun halb ins Wachs getaucht, herausgehoben und überkühlt, die andere Hälfte eingetaucht. Gibt es Stellen, die nicht vom Wachs geschlossen überzogen wurden, kann man mit einem Löffel Wachs darübergießen. Die Wachschichte muß dicht abschließen, damit sich kein Schimmel und keine Fliegen ansetzen können. Ist der Käse feucht, kann kein Wachs aufgetragen werden.
Wenn die Wachsschichte noch nicht ganz fest ist, können mit einem Holzstift das Datum und *eine Bezeichnung eingeritzt oder aufgestempelt* werden. Sonst kann auch der Käse mit einem Klebeetikett mit Datum, Art etc. versehen und dann mit der zweiten, dickeren Wachschichte überzogen werden. Die Schrift schimmert durch das Wachs und hilft bei der späteren Zuordnung.

SCHNITT- UND HARTKÄSEREZEPTE

1. Halbfetter Hartkäse

Wir benötigen mindestens 10–15 Liter leicht abgerahmte Schafmilch oder 15–20 Liter Vollmilch von der Kuh oder der Ziege, der *10% Wasser* beigemischt werden.
Wenn *pasteurisiert* wird, darf auf die Zugabe von 10 g Calciumchlorid ($CaCl_2$) je 100 Liter Milch nicht vergessen werden.
Die *vorgesäuerte Milch* wird schonend *auf 32–35 Grad erwärmt* und mit *2–3 Tropfen Lab/l,* welches in Wasser aufgelöst wurde, vermischt und sofort ruhig gestellt.

> Ruhe und gleichmäßige Wärme beeinflussen die Güte des Bruchs.

Nach etwa 1 Stunde wird die *Schnittprobe* gemacht. Wenn die Gallerte fest genug ist, wird sie mit dem grobmaschigen Schneebesen, einem Käsebrecher oder gegebenenfalls auch mit dem Kochlöffel vorsichtig und langsam *gerührt und dabei gebrochen.*

> Der Bruch darf nicht durch zu heftiges Arbeiten verrührt werden. Schonende Bearbeitung erhöht die Ausbeute.

Die *Griffprobe* wird gemacht, wenn *der Bruch Erbsenkorngröße* hat. Dann wird die meiste Molke abgegossen und die Masse mit der restlichen Molke in das *vorbereitete feuchte Käsetuch,* das über einem Topf liegt, geschüttet.
Das Tuch wird hochgehoben, der *Bruch zu einer Kugel geformt* und, wenn kaum mehr Molke abfließt, in die *bereitgestellte Hartkäseform* gegeben. Sie soll etwa den gleichen Durchmesser wie die Kugel haben, damit diese nicht beschädigt wird.

> Ein *guter Rindenschluß* ist wichtig, denn an Unebenheiten auf der Käseoberfläche setzt sich gerne unerwünschter Schimmel an.

Wird mit einem Jerb gearbeitet, gibt man die Käsekugel mit dem Tuch hinein.

> Ist die Form zu groß, wird der Käse zu flach.

Das *Abdeckbrettchen* wird aufgelegt und der Käse *gepreßt.* Nach jedem *Wendevorgang* soll *der Druck erhöht* werden, bis schließlich das doppelte bis vierfache Gewicht des Käses erreicht ist. Gewendet wird jeweils nach 1/2, 1, 2, 4 und schließlich nach 8–12 Stunden.
Anschließend bleibt der Käse *zum Nachsäuern 24 Stunden in der Form.* Dann wird er trocken oder naß *gesalzen* und 2–3 Tage zum Trocknen aufgelegt. Dabei wendet man

ihn zweimal täglich. Er kommt in den *Reifungsraum,* der *10–12 Grad* haben sollte und wird dort *täglich gewendet und geschmiert.* Nach 2–4 Wochen schmiert man nur mehr alle 2 Tage, und nach 6–8 Wochen noch 1 mal in der Woche. Hat der Reifungsraum eine höhere Temperatur, ist der Käse in 3 Monaten durchgereift. Sonst benötigt er 5–6 Monate zum Reifen.

2. Hartkäse aus Schafmilch

Es wird möglichst *frische Schaf-Vollmilch* verwendet. Als halbfette Variante können die abgerahmte Abendmilch und die vollfette Morgenmilch gemischt werden. Hat man nicht so viel Schafmilch, kann sie, eingefroren, von mehreren Tagen gesammelt werden.

Schafmilch wird mit *20% Wasser* am Anfang der Laktationsperiode und mit mindestens 30% ab Mitte der Laktationsperiode vermischt. Nur dadurch kann der Käse einen *geschmeidigen Teig* bilden.

Bei 20 Grad wird der Milch 1–3% *Milchsäurekultur* in Form von frischer Buttermilch, saurer Milch oder Reinkultur dazugegeben, und man läßt die Milch 15 bis maximal 45 Minuten lang zum *Vorsäuern* stehen.

Im Wasserbad wird vorsichtig *auf 36 Grad erwärmt* und mit *1–3 Tropfen Lab* je Liter eingelabt.

Lab, auch flüssiges Lab, wird immer in etwas Wasser aufgelöst.

Nach 30–40 Minuten ist die Milch dick und nach der *Schnittprobe* kann die Gallerte zuerst in *1-cm-Würfel* geschnitten werden. Nach 10 Minuten Wartezeit wird *nochmals geschnitten oder gebrochen,* bis die *Bruchgröße 3–5 mm* beträgt. Der Bruch kann auch 3 mal umgelegt oder verzogen werden.

Anschließend werden ungefähr *15–20% der Molke* in einen anderen Topf *abgegossen,* und statt der Molke wird der Käsemasse *60 Grad warmes Wasser hinzugefügt* und dabei gerührt. Sie wird so erwärmt und sollte somit eine *Temperatur von 40–42 Grad erreichen.* Dann wird der Bruch etwa 10 bis 20 Minuten lang *ausgerührt.*

In die abgegossene, eventuell nachgewärmte Molke stellt man ein Sieb, den *Vorpreßkorb,* und füllt den Käsebruch ein. Die Molke soll schließlich den Käse, der leicht vorgepreßt wird, überdecken.

Der Bruch kann auch im Käsetopf zusammengeschoben, mit einem Brettchen abgedeckt und leicht gepreßt werden. Dieser *Preßvorgang sollte 20–30 Minuten* dauern.

Dann wird der Käse herausgehoben, nochmals fein *zerrieben,* in die *Hartkäseform eingefüllt* und beschwert. Bis zum ersten Wenden wird der Käse 30–40 Minuten lang mit 0,1–0,2 kg je cm^2 Käseoberfläche *gepreßt.* Nach dem zweiten Wenden wird der Druck

auf das Doppelte erhöht, wieder wird 30–40 Minuten lang gepreßt. Man wendet noch 2 bis 3 mal und *verdoppelt jeweils den Preßdruck.*
Danach wird der Käse 16–20 Stunden ohne Druck in der Form liegen gelassen. Er *säuert durch* und wird dann im *Salzbad* gesalzen. Hat der Laib etwa 3 kg, bleibt er 4–6 Stunden in der Salzlösung.
Anschließend muß der Käse *2 Tage lang trocknen* und kommt sodann in den *Reifungskeller*, wo er *geschmiert* wird. Er braucht *3–4 Monate zum Reifen.* Der *Reifungskeller* sollte *15–16 Grad* und *90–95% Luftfeuchtigkeit haben.*

3. Käse nach Tilsiter Art

Die *Vollmilch* und *10% Wasser* werden schonend auf *30–32 Grad* erwärmt. Mit 5% Sauermilch als *Säurestarter* wird vorgesäuert. Bei dieser Temperatur bleibt sie *2 Stunden lang zugedeckt stehen*, um eine *gute Durchsäuerung* zu erzielen.
Bei *34 Grad wird die Milch eingelabt* und soll nach 45 Minuten geronnen sein. Nach der *Schnittprobe* wird mit der Käseharfe vorsichtig in *0,5 cm große Würfel* geschnitten. Dann läßt man den Bruch 30 Minuten ruhen.
In dieser Zeit hat sich der Bruch so weit gefestigt, daß mit dem *Ausrühren* begonnen werden kann. Langsam wird dabei *auf 42–45 Grad nachgewärmt.* Wenn diese Temperatur erreicht ist, wird bei gleichbleibender Temperatur *noch 15 Minuten lang weitergerührt.*
Mit einem möglichst *großen, flachen Siebschöpfer* oder *einem Käsetuch* wird der *Bruch herausgehoben.* Die meiste Molke kann schnell abrinnen und der Bruch wird in die *bereitgestellten, vorgewärmten Formen gefüllt.*
Der Käse wird nun *gleich mit etwa 0,5 kg je kg Käse gepreßt* und der Preßdruck bei jedem Wendevorgang entsprechend erhöht. Nach dem Pressen säuert der Käse einen Tag in der Form und dann noch einen, wenn er schon aus der Form genommen wurde. Am folgenden Tag wird der Käse rundum *mit grobem Salz gesalzen* und in den *Reifungsraum* gelegt. Er wird täglich gewendet und mit Rotschmiere behandelt. Die Reifungszeit beträgt 6–8 Wochen.

4. Halbfetter Jausenkäse

Halbfette Milch, nicht jedoch Magermilch, wird mit *10% Wasser* und am besten mit *3% Buttermilch* als Säurestarter angesetzt und *1/2 Stunde lang stehen gelassen.* Dann wird langsam auf *32 Grad erwärmt* und anschließend *eingelabt.* Wenn die Gallerte dick genug ist, schneidet man *in 1 cm große Würfel.*
Der *Bruch wird umgelegt* und so viel Molke abgeschöpft wie sich leicht abschöpfen läßt. Später wird noch einige Male umgelegt und weitere Molke abgeschöpft. Ist die Käsemasse „richtig", so wird innerhalb von 15 Minuten unter vorsichtigem Rühren mit dem

Käsebrecher auf *40–45 Grad erwärmt.* Der Bruch soll nun Weizenkorngröße haben. Nach dem Wärmen wird *10–15 Minuten lang ausgerührt.*

Die Käsemasse kommt in *zylindrische Formen,* die Molke kann nun in 24 Stunden abrinnen, ohne daß man viel pressen muß. Man wendet anfangs stündlich, später alle zwei Stunden. Nach dem Durchsäuern wird der Käse *naß gesalzen.*

Er kommt in den *Reifungskeller, der 12–14 Grad* haben soll, und es wird nach drei Tagen zu *schmieren* begonnen. Die Schmiere soll gelblichbraun werden. Ist sie weißlich, ist sie sauer oder übersalzen.

Wenn der Käse nach ca. 14 Tagen eine *Rindenbildung* zeigt, kommt er in einen *anderen Reifungsraum, der 12–16 Grad* haben sollte. Die Hauptreifungszeit beträgt 3–4 Monate. Während dieser Zeit muß der Käse immer wieder *gewendet und kontrolliert* werden. Ist die Rinde einmal fest genug, muß nicht mehr geschmiert, wohl aber gewendet werden.

5. Cheddar (England)

Diese Art der Käseherstellung stammt ursprünglich aus England, und nach ähnlichem Verfahren wird auch in Nordamerika verkäst. Man verarbeitet meist vollfette, aber auch halbfette Milch. Damit der Käse gelb wird, färbt man ihn in den erwähnten Ländern mit Orlean.

Die *vorgesäuerte Milch* wird bei *28–31 Grad* mit *hoher Labmenge* (6–9 Tropfen/l) *in 20 Minuten dickgelegt,* die Gallerte *in 0.8-cm-Würfel geschnitten, auf 37–40 Grad nachgewärmt und gebrochen.* Der Bruch sollte schließlich *Weizenkorn- bis Erbsengröße* haben. Nun muß er säuern, indem man ihn *einige Stunden unter der Molke ruhig stehen läßt.*

Man *gießt die Molke ab,* der so zusammengewachsene Bruch wird *in große Stücke geschnitten* oder geschöpft und in einem Stoß *übereinandergeschichtet.* Diesen Vorgang nennt man „cheddaring". So säuert der Bruch weiter und preßt sich durch sein eigenes Gewicht. Nach einiger Zeit werden die *Käsestücke umgeschichtet,* so daß die obersten nach unten und die innenliegenden nach außen kommen. Das wird so oft gemacht, bis der Bruch eine *faserige Konsistenz* hat.

Wenn der Bruch *durchgesäuert,* das heißt *„reif"* ist, wird er mit den Händen *zerrieben* oder *in der Käsemühle gemahlen,* mit *2% Salz* vermischt, in Formen gefüllt und 4 Stunden lang unter steigendem Druck (bis zu 9 kg pro kg Käse) oder im Vakuum *gepreßt.* Der Käse wird sodann sorgfältig in ein Tuch gewickelt und weitere 24 Stunden sehr stark gepreßt. Wenn er ausgetucht ist, wird er mit Öl, das eventuell mit Orlean gefärbt ist, abgerieben.

Die *Reifung* erfolgt bei 8 bis 12 Grad und dauert 1 bis 6 Monate und länger.

Höhere Temperaturen verringern die Reifungszeit.

Nach einem Monat Reifung wird der Cheddar als jung, zwischen 2 und 6 Monaten als mittelreif und darüber als reif bezeichnet.

6. Amerikanischer Cheddar

Man versetzt *vollfette Milch* mit 2–5% Säurewecker und läßt sie 15 Minuten durchsäuern. Dann wird *auf 34 Grad erwärmt* und bei dieser Temperatur mit *9 Tropfen Lab* pro Liter Milch eingelabt. Die Gallerte soll schon nach ungefähr *20 Minuten richtig* zum Schneiden sein. Man schneidet Würfel in der Größe von *0,5 cm.*

Anschließend wird die Käsemasse langsam *auf 40 Grad* erwärmt und bei dieser Temperatur *einige Zeit stehen* gelassen, bis die Molke säuerlich riecht und sich der Bruch festgesetzt hat. Dann schöpft man den Bruch aus und zerreibt ihn, wobei mit *15 g Salz je Kilo* Käsemasse gesalzen wird.

Nun wird *in Formen, die mit Tüchern ausgeschlagen* sind, abgefüllt und *6 Stunden lang* mit der Käsepresse *gepreßt.* Der *Preßdruck soll vierfach* so groß wie das Käsegewicht sein. Danach muß der Käse *18 Stunden lang mit dem zehnfachen Gewicht* gepreßt werden, und anschließend benötigt er den *zwanzigfachen Druck etwa 24 Stunden* lang. Vor jeder Erhöhung des Druckes wird der Käse gewendet und umgetucht.

Dann wird der Käse aus der Form genommen, *gewendet, geschmiert* und bei hoher Luftfeuchtigkeit, bei 8 Grad, bis zu 15 Monaten *reifen gelassen.*

7. Hofkäse

Dieser Käse kann aus 10–20 Liter Milch zubereitet werden.

Bei *29–32 Grad* wird Buttermilch als *Säurestarter* beigefügt und *nach 45 Minuten bei gleicher Temperatur mit 3–6 Tropfen Lab pro Liter eingelabt.* Die Milch wird zuerst einige Minuten lang tief gerührt und dann nur mehr oberflächlich weitergerührt, etwa 15 Minuten lang, bis die Milch gerinnt (Gerinnungsprobe). *Nach 45 Minuten soll die Gallerte dick sein.*

Ber Bruch wird in *1 cm große Würfel* geschnitten, nach 10 Minuten *sanft gerührt,* gleichzeitig langsam auf *35–38 Grad erwärmt,* wobei vorsichtig weiter gerührt werden muß, bis der Bruch richtig ist *(Griffprobe).* Er wird nun *in ein Tuch gegossen,* fest zusammengebunden und aufgehängt oder auf ein Brett gestellt und *leicht gepreßt.*

Nach einer Stunde kommt der *Bruch aus dem Tuch,* wird *zerrieben, gesalzen* (15 g Salz auf 1 kg Käse) und so *in eine Form,* die mit einem feuchten Tuch ausgeschlagen ist, *gedrückt.* Das Tuch soll keine Falten bilden. 2 Stunden lang preßt man den Käse mit etwa 10 kg, dann wird er gewendet, in ein neues Tuch eingeschlagen und 8 Stunden lang mit 20 kg gepreßt. Dann wird der Käse nochmals *gewendet, umgetucht* und 10–12 Stunden mit 40 kg *gepreßt.*

Er kommt anschließend *aus der Form,* wird mit Schmalz oder *Öl eingerieben* und in ein

Baumwolltuch gewickelt und zugenäht. Im *Reifungskeller bei 12–15 Grad* läßt man den Käse 6–8 Wochen reifen, wobei er täglich gewendet werden muß.

8. Radener Käse (Mecklenburg)

Dieser Käse wird *aus Magermilch* und in sehr großen Laiben hergestellt.

Süße oder leicht *vorgesäuerte Milch* mit einem Fettgehalt von bis zu 3,3% wird meist mit Orlean gefärbt und im kupfernen Kessel *auf 30 Grad erwärmt*. Man labt sie ein, so daß sie *in 30 Minuten fest* ist. Mit einer großen Holzkelle wird langsam und vorsichtig *gebrochen, verschöpft und verzogen*. Nach etwa 10 Minuten wird *auf 32–34 Grad erwärmt* und 20–25 Minuten lang mit dem Käsebrecher *ausgerührt*, bis der Bruch *Erbsengröße* hat. Schließlich rührt man kurz, sehr rasch und gut durch. Die Molke setzt sich schnell und gleichmäßig ab.

Man hebt *den ganzen Bruch mit dem Käsetuch* auf einmal heraus und gibt ihn in eine sehr *große Käseform* oder einen Jerb. Es wird in 24 Stunden 7–8 mal *gewendet, umgetucht und stark gepreßt*. Der Jerb wird jedes Mal fester zusammengebunden oder -geschraubt.

Nach dem Pressen kommt der Käse, immer noch im Jerb, *24 Stunden in den Trockenraum*. Dort *salzt* man ihn trocken und numeriert ihn. *Das Salz wird*, wenn es feucht geworden ist, *eingebürstet*. *Täglich* wird der Käse *gebürstet, gewendet und gesalzen*. Erst nach 8 Tagen kommen die Käse aus dem Jerb und in den *Reifungskeller*. Die Reifungstemperatur wird im Sommer 16 Grad und im Winter 10 Grad betragen. Bei einer Luftfeuchtigkeit von 85–95% beträgt die *Reifungszeit etwa 4 Monate*. In dieser Zeit wird alle 2 Tage, später jede Woche gewendet und gebürstet.

9. Chesterkäse (England)

Der für England typische Käse wird in Laiben von 25–30 kg hergestellt.

Die nach dem Originalrezept *gefärbte Milch wird bei 27–30 Grad in 60–75 Minuten dick gelegt* und *mit dem Käsebrecher zerkleinert*. Bevor man mit dem Zerkleinern fertig ist, läßt man den Bruch 15 Minuten lang absetzen, entfernt die meiste Molke und zerkleinert fertig.

Dann wird fast *die ganze Molke abgezogen* und der Bruch *zusammengeschoben*, mit einem gelochten Brett bedeckt und mit 15 kg beschwert. Später wird wieder die ganze Molke abgezogen und das Preßgewicht auf 30 kg erhöht. Dann wird die *Käsemasse zerkleinert, wieder zusammengeschoben* und neuerdings mit 50–60 kg *gepreßt*.

Am 3. Tag wird der Käse *zerrieben* und in diese Masse werden 2–3% *Salz eingeknetet*, die Masse wird in eine mit einem Tuch ausgeschlagene *Form gegeben und gepreßt*. Abermals wird der Käse aus der Form genommen, nochmals zerkleinert, wieder eingefüllt und nun sehr stark gepreßt (30 kg je kg Käse).

Im *Reifungsraum bei 15 Grad* wird der Käse 3–10 Monate reifen gelassen. Die großen Käselaibe brauchen bis zu 2 Jahre zum Reifen.

10. Gouda (Holland)

Die mit Orlean *gefärbte Milch* wird bei *33–34 Grad in 15 Minuten dick gelegt.*
Der Bruch wird mit einer Holzkelle *verschöpft* und zerteilt und die austretende *Molke abgeschöpft* oder abgezogen. Unter Rühren *gießt man heißes, 70grädiges Wasser* in die Masse und bringt sie so auf *40–43 Grad.* Nach *15 Minuten* wird das Wasser abgeleert, der Bruch *geschnitten und gerührt* und in die Formen gefüllt. Vor dem Pressen wird die Käsemasse nochmals herausgenommen und kräftig durchgemischt. Der Käse kommt dann *wieder in die Form* und wird 24 Stunden lang *sehr stark* und mit steigendem Druck *gepreßt.*
Anschließend wird der Käse *naß gesalzen,* und zwar 24 Stunden in einer 15%igen Salzlösung. Dann kommt er noch einige Zeit in eine 20%ige Salzlösung. Jeden Tag werden die Käse *gewendet* und oben mit etwas Salz bestreut. 30 kg schwere Käse bleiben 7–8 Tage in dieser Salzlösung, werden anschließend in den *Reifungsraum* gelegt und täglich mit safranfarbigem Essig oder mit Bier bestrichen. Die Reifungsdauer beträgt 6–8 Monate.
In Holland wird die Reifungsdauer auf den Käselaiben vermerkt. So weiß der Käufer, wie lange der Käse gereift ist und lernt ihn dementsprechend zu schätzen.

11. Gouda-Art

Bei 33 Grad wird die vorgesäuerte, eventuell gefärbte *Milch eingelabt* und nachdem sie dickgelegt ist, geschnitten. In Ruhe sitzt der Bruch ab und man *gießt sodann 1/3 der Molke weg.*
Unter starkem Rühren wird *70 Grad heißes Wasser* zugefügt und anschließend noch 15 Minuten lang *weitergerührt.* Die Temperatur soll nun *36 Grad* erreicht haben. Jetzt bleibt der Bruch 10 Minuten in Ruhe und sitzt ab. Die *Molke wird teilweise abgeschöpft,* aber der Bruch soll noch von ihr bedeckt bleiben. Dann wird die *Griffprobe* gemacht. Der Bruch soll matt und nicht mehr glänzend aussehen. Er kann nun *unter der Molke zusammengeschoben* und zu einer ovalen *Walze vorgeformt* werden. Die Form wird *in die warme Molke gestellt,* der Käse eingefüllt und in die Form gedrückt. *Die Molke soll den Käse bedecken.*
Ein Deckel wird aufgesetzt und der Käse *unter der Molke 15 Minuten leicht gepreßt.*

> Das Pressen unter der Molke verhindert den Lufteinschluß im Käse.

Dann wird er mit der Form gewendet, diese wird abgehoben und der Käse liegt so auf

Hier lagert der Käse nach Sorten und Größen getrennt.

Reifer Schnitt- und Hartkäse.

dem Preßdeckel. Der gewendete Käse wird wieder in die Form gegeben und etwas stärker gepreßt. Beim nächsten *Wendevorgang* wird der *Käse aus der Molke* gehoben, mit zunehmendem Druck gepreßt und noch einige Male gewendet.

Wenn der Käse am Anfang zu stark gepreßt wird, schließt sich die Rinde zu schnell, und der Molkeabfluß wird erschwert.

Nach dem Preßvorgang wird der Käse 10 Stunden in der Form zur *Durchsäuerung* stehen gelassen und anschließend *naß gesalzen.*

Ist der Käse trocken, kommt er in den Reifungskeller, wo er geschmiert und gewendet wird und in einigen Monaten durchreift.

12. Emmentaler

Für einen Laib Emmentaler sind mindestens 80–100 Liter Kuhmilch erforderlich, damit der Käse gute Löcher bekommt.

Beste Frischmilch wird mit 1% Säurewecker und *Propionsäure versetzt,* nach 15 Minuten vorsichtig auf *34 Grad* gebracht und *eingelabt.* Nach der Griffprobe wird die Gallerte *verschöpft* und *umgelegt* oder gleich mit der Käseharfe in *0,5 cm große Würfel* geschnitten und einige Zeit ruhen gelassen. Wenn sich der Bruch ein wenig zusammengezogen hat, wird er so lange *gebrochen,* bis er *Reiskorngröße* hat.

Unter ständigem Rühren *erwärmt man langsam auf 48 Grad.* Dann wird – natürlich rührt man weiter – rasch und *kurz auf 57 Grad nachgewärmt (gebrannt)* und der Käsetopf sofort von der Herdstelle genommen. Nach 20 Minuten Pause wird der ganze *Käsebruch mit dem Käsetuch* auf einmal aus dem Kessel gehoben und mit dem Tuch in eine große Form oder *einen Jerb gefüllt,* 24 Stunden lang *gepreßt* und dabei 7–8 mal *gewendet.* Bei jedem Wendevorgang wird der Käse umgetucht und der Druck erhöht, bis dieser zuletzt das *15fache Gewicht* des Käses ausmacht.

Nach dem Pressen wird der *Käselaib bezeichnet* und 24 Stunden in einem kühlen, luftigen Raum *zum Trocknen aufgelegt.* Danach kommt der Käse ins *Salzbad* oder gleich in den *Reifungskeller* (22 Grad), wo er *trocken gesalzen* wird. Für 100 kg Käse werden 2 kg Salz verbraucht. Vorerst wickelt man den Käse in *Käsebinden* fest ein, damit er die Form behält. Ab dem 20. Tag bilden sich die charakteristischen Löcher. Ab jetzt wird der Käse auch *geschmiert,* bis er eine gute Rinde bildet.

Anschließend *reift der Käse 2–5 Monate* in einem Reifungsraum *bei 12 Grad und 85% Luftfeuchtigkeit.* Mit einer Prüfnadel wird der Käse angestochen, um zu sehen, ob er schon durchgereift ist. Dann erst wird er verkauft oder angeschnitten.

Aus 100 Litern Milch erhält man 8–10 kg Emmentaler. Aus der Molke von 100 kg Käse kann man noch etwa 13 kg Molkenbutter gewinnen.

13. Spalenkäse (Schweiz)

Dieser Käse ist dem Emmentaler verwandt, sehr hart und wird meist aus *teilentrahmter Milch* hergestellt.
Den Namen hat dieser Käse von den *„Spalen", den Holzfässern,* in denen der Käse verpackt wurde. In Italien heißt er Sprinza oder Sbrinz.

14. Gruyère Käse (Schweiz)

Dieser Käse wird wie Emmentaler, jedoch mit *halbfetter Milch,* hergestellt. Dazu wird der Rahm von der Abendmilch abgeschöpft und nicht wieder zugefügt. Gruyère wird für Käsefondue verwendet.

15. Parmesan (Italien)

„Parmeggiano" wird in Oberitalien in Laiben zu 20–100 kg hergestellt. Er hat eine schwarze oder grüngraue Rinde und ist bei uns als Reibkäse bekannt. In Italien selbst wird er im Stück angeboten und auch frisch gegessen.
Für die Verarbeitung ist wichtig, daß die Milch bereits *vor dem Dicklegen einen bestimmten Säuerungsgrad aufweist.*
In großen Kupferkesseln, die *bis zu 1000 Liter* fassen können, wird die Milch bei *27–30 Grad eingelabt* und soll *in 30–60 Minuten dickgelegt* sein. Der Bruch wird dreimal geschnitten, bis er *Getreidekorngröße* hat; dann läßt man ihn 8–10 Minuten absetzen.
5% der Molke werden abgeschöpft. Nun erst wird mit einer *Safranlösung gefärbt* und unter ständigem Rühren *auf 52–55 Grad nachgewärmt.* Bei dieser Temperatur wird der Bruch *10–15 Minuten ruhen* gelassen. Ein weiterer Teil der Molke wird abgeschöpft. Nun gießt man *kaltes Wasser* dazu, um den Bruch rasch abzukühlen.
Der Bruch wird *unter der Molke händisch zusammengeschoben* und dann mit dem Käsetuch herausgehoben. Er tropft rasch ab und wird anschließend *mit dem Tuch in einen Holzreif* (Jerb) gelegt, mit einem Holzdeckel zugedeckt und so, leicht schräg, stehen gelassen, damit die Molke langsam abrinnen kann. Er kann auch mit 1 kg je kg Käse gepreßt werden.
Nach einigen Stunden kommt der Käse in einen kühleren Raum, wird oft gewendet und ab dem 3. Tag 40 Tage lang *trocken gesalzen,* wobei der Salzverbrauch 4–6% des Käsegewichtes beträgt.
Nach dem Salzen entfernt man den Holzreifen. Der Käse wird abgeschabt, *mit heißer Molke übergossen* und mit einer Holzspachtel *geglättet.*
Dann streicht man den Käse mit einer Paste ein, die aus Leinöl und schwarzer Farbe hergestellt ist.
Jetzt erst kommt der Käse in den *Reifungskeller,* der *15–16 Grad und 80% Luftfeuchte*

haben soll. Die Reifung dauert mindestens ein Jahr, meist aber 2, manchmal sogar 3 Jahre. Nach einem Jahr wird der Reifungsraum gewechselt. Der neue Raum soll 12 Grad und 95% Luftfeuchtigkeit aufweisen.
Aus 100 Litern Milch werden 6–8 kg Parmesan hergestellt.

KÄSEFEHLER

Wenn man zu käsen beginnt, kann es schon passieren, daß Fehler gemacht werden, oder daß der Käse nicht so wird, wie man es sich vorgestellt hat. Aber man muß auch wissen, daß selbst erfahrene Käsereimeister vor Fehlerquellen nicht geschützt sind. Es kann bereits an der Milch liegen, oder die Fehler treten bei der Verarbeitung auf.
Man sollte daher nicht gleich aufgeben, *sondern sich bemühen, die Gründe, die zum Fehler führten, herauszufinden* und zu erforschen, um es beim nächsten Mal besser machen zu können. Dazu gehört – auch wenn man schon längere Zeit Milch verarbeitet hat – unter anderem die Bereitschaft, alte Gewohnheiten in Frage zu stellen, sie zu ändern und so aus den Fehlern zu lernen. Wer sich mit der Milchverarbeitung beschäftigt, wird feststellen, daß es immer viel zu lernen, zu erfahren und zu verbessern gilt.

Hat der Käse

a) *optische Fehler* oder *leichte geschmackliche Abweichungen,* sollte der Käse nicht verkauft werden. Er kann aber ohne weiteres daheim gegessen oder zum Kochen verwendet werden.
b) *Fehler, die ihn ungenießbar machen,* muß dieser Käse – am besten über den Hühnermagen – entsorgt werden. Er darf nicht mehr selbst gegessen und selbstverständlich nicht verkauft werden.

Fehlerquelle Milch

Frühblähung

Spätestens 48 Stunden nach dem Einlaben werden im Käse Blasen sichtbar. Ein Gupf zum Beispiel steigt in der Form hoch und schwimmt auf der Molke. Beim Schneiden der Gallerte merkt man schon, daß etwas nicht stimmt. Schneidet man dann später den Käse auf, *ist er voll kleiner Löcher, er kann schwammig sein und bitter schmecken.* Weich- und Hartkäse bekommen an den Randzonen oder im ganzen Käse *kleine runde Löcher,* man nennt ihn daher *„Nissler".*
Hier handelt es sich um *coliforme Keime* und um *Hefen. Sie bauen Lactose ab und bilden Gase.*
Die *Hygiene im Stall und bei der Verarbeitung* muß überprüft werden. Man muß die Milch nach dem Melken rasch abkühlen oder gleich verkäsen. Der *Säurewecker* ist zu *überprüfen* und zu *erneuern.* Die Milch kann länger vorsäuern, damit die Säurebakterien die coliformen Keime unterdrücken. Sie sollte zumindest vorübergehend pasteurisiert oder thermisiert werden.

Spätblähung

Meist 3–4 Wochen nach der Herstellung von Weich- oder Hartkäse bläht sich dieser durch Gasbildung auf. Die Wachshülle oder *der ganze Laib platzen. Der Käse schmeckt*

bitter oder unangenehm süßlich. Die Ursachen sind Buttersäurebakterien oder sporenbildende Mikroorganismen (Clostridien), die auch durch Erhitzung der Milch nicht abgetötet werden. Sie stammen meist aus *fehlvergorener Silage oder gärig gewordenem Futter.* Deshalb sollte für die Herstellung von Schnitt- und Hartkäse auf Silomilch verzichtet werden.
Molkereien, die wegen des großen Risikos bei der täglichen Milchverarbeitung von tausenden Litern Milch auf „Nummer Sicher" gehen müssen, behelfen sich (derzeit noch) mit dem Zusatz von Nitrat *(20 g/100 l Kesselmilch), was gesundheitlich bedenklich ist.* In der bäuerlichen Käserei sollte das *keinesfalls* praktiziert werden.
Die früher verwendeten Kupferkessel wirkten sich zur Sporenbekämpfung günstig aus. Auch heute machen sich Käser das zunutze.

Bitterer Käse

Ein bitterer Geschmack des Käses entsteht auch manchmal durch *Bitterstoffe aus dem Futter* (z. B. Raps, Grünroggen etc.), durch *coliforme Keime* oder *durch zu viel Lab.*

Fehlerquelle Verarbeitung

Zu weicher Käse

Zu wenig Lab, altes, nicht mehr labfähiges Lab und/oder *zu niedrige Einlabtemperatur* bewirken eine zu langsame Dicklegung der Milch. Die Gallerte ist zu weich und in der Folge geht *zu viel Staub in die Molke ab.* Dies ergibt eine *geringe Ausbeute* und einen schlechteren, zu weichen Käse.

Kreidiger, bröckeliger Käse

Durch *zu starke Säuerung* ist der pH-Wert zu tief. Der Bruch sollte gewaschen werden, um den Milchzucker, die *Lactose, zu verdünnen.*
Es kann auch sein, daß die *Wasserzugabe* bei Hartkäse *vergessen* wurde. Man kann noch während der Verarbeitung durch *Bruchwaschen* etwas verbessern. Dadurch wird der Käseteig etwas geschmeidiger.

Gummiartiger Käse

Wird *zu viel Lab* verwendet, ist die Dicklegungszeit zu kurz. *Es kann kaum eine Säuerung stattfinden* und der pH-Wert ist zu hoch.
Beim Nachwärmen wurde nicht gut gerührt und/oder *zu hoch erhitzt.* Einzelne oder alle Bruchkörner werden *gummiartig und knirschen,* wenn man sie ißt.

Bitterer Käse

Die Milch wurde *bei der Verarbeitung* durch *coliforme Keime* – sei es über schmutzige Hände oder über die Luft (Stallkleidung im Käseraum, Misthaufen vor dem Käseraum, Gülleausbringung etc.) – stark beeinträchtigt. Bei zu niederen Raum- und Verarbeitungstemperaturen, zu kurzer Vorsäuerung und schlechtem Säurestarter entwickeln sich die Colibakterien schneller als die Säurebakterien.
Hefen machen den Käse ebenfalls bitter. Wird vielleicht in der Käseküche auch Brot gebacken oder gelagert?
Unreife Schimmelkäse können bitter schmecken.
Wurde *zu viel Lab* zugefügt, kann das Lab den Käse bitter machen.

Überdickte Gallerte

Wird die Dicklegungszeit nicht beachtet und der Bruch *zu spät geschnitten,* schoppt sich vor dem Messer oder der Käseharfe die Käsemasse. Die Molke kann nicht mehr gut und schnell genug austreten. Sie ist grün.
Um noch einiges zu retten, kann man schneller arbeiten, *den Bruch kleiner schneiden und brechen,* den Käse bei einer 1–2 Grad höheren Raumtemperatur stärker pressen. Es wird dennoch verhältnismäßig viel Molke im Käse eingeschlossen bleiben, diese *kann zu geblähten Käsen führen.* Man sollte den Käse gut beobachten und eventuell noch vor der Vollreife, wenn er noch gut ist, selbst essen oder verkochen.

Zu weiche Gallerte

Wurde die Gallerte *zu früh geschnitten,* geht viel Staub mit der Molke ab und die *Ausbeute ist gering.* Die Molke ist gelb. Da hilft nur, daß man die Schnittprobe macht und länger bis zum Schneiden wartet, die Raumtemperatur erhöht und vor allem *eventuelle Hygienefehler* vermeidet.

Geblähter Käse

Wie schon beschrieben, muß die Milchgüte überprüft werden. Durch Verarbeitungsfehler kann eventuell auch geblähter Käse entstehen. Unter Umständen können *coliforme Keime über das Wasser* in den Käse gelangen. Die Geräte sollten immer ausgekocht werden, der Milch gegebenenfalls nur abgekochtes Wasser (Wasserzugabe) und mehr Milchsäurekultur zugefügt werden. *Brunnenwasser muß untersucht sein.*

Rissiger Käse

Im Käse ist der *Wassergehalt zu gering.* Beim Dicklegen war vielleicht die Temperatur zu hoch oder der *Käseraum zugig und zu trocken.* Die Käseoberfläche konnte sich nicht

schließen und bildete Risse. Rissige Käse saugen sich mit Salz voll. In die Risse setzen sich gerne Fliegen und legen dort ihre Eier ab.
Die Temperatur muß beim Dicklegen genauer eingehalten und Zugluft verhindert werden.

Auslaufen von Käse

Bei Weichkäse verflüssigt sich das Innere des Käses. Er *verliert seine Form,* hat einen schlechten Geruch und Geschmack. Er wurde entweder zu lange gelagert (Camembert) oder *im Reifungsraum waren Temperatur und Luftfeuchtigkeit* zu hoch.
Es kann auch sein, daß die Milch bei zu niedrigen Temperaturen und mit *zu schwachem, altem Lab* eingelabt wurde.

Weißer, schmieriger Käse

Statt einer Rinde bildet sich ein *weißer Belag von Hefen,* der die Reifung verhindert. Entweder verlief die *Entmolkung schlecht,* oder es gab einen zu starken *Hefenbefall bei der Verarbeitung.* Oder aber bei der Reifung waren die Temperatur zu niedrig und die Luftfeuchtigkeit zu hoch.
Die Verarbeitungstechnik und der Reifungsraum müssen überprüft werden.

Fleckiger Käse

Die Flecken am Käse werden durch verschiedene, meist *unerwünschte Bakterien und Schimmel* verursacht. Die Beläge können alle Farben spielen und sind nicht immer ungefährlich.
Der Käseraum sowie alle Lager- und Reifungsräume müssen gesäubert und desinfiziert werden, die Hygiene muß überprüft, die Geräte müssen ausgekocht werden.

Schimmeliger Käse

Nicht jeder Schimmel ist am Käse erwünscht. Handelt es sich um einen *unerwünschten Schimmel,* müssen die Räume desinfiziert werden.
Von *Fremdschimmel* befallene Weichkäse müssen auf jeden Fall weggeworfen werden.
Bei Hartkäse kann eventuell das befallene Stück großteilig entfernt oder der ganze Käse mit Essigwasser abgewaschen oder in eine starke, *kochende Salzlösung getaucht werden.*

Gesundheitsschädlicher Käse

Folgende Faktoren können Käse gesundheitsschädlich machen:
– *Medikamentenrückstände* in der Milch

- *Rückstände im Futter* (Gifte der Pflanzenschutzmittel, Schwermetalle, radioaktive Substanzen)
- *Toxine* (Gifte) *von Schimmelpilzen* (siehe oben)
- *Toxine durch Staphylokokken,* die Erbrechen und Durchfall hervorrufen. Besonders gefährdet sind Kleinkinder.
- *Listerien,* die über das Futter in die Milch oder während der Verarbeitung in den Käse (Salzbad, Stallkleidung, etc.) gelangen.

Fehler bei Hartkäse

Zusätzlich zu den oben genannten Fehlern können noch weitere Fehler, *speziell bei Hartkäse, auftreten.*

Zu trockener Käse

Bei der Reifung in einem *zu trockenen Reifungsraum* trocknet der Käse schnell aus, ohne ganz durchzureifen. Die Rinde bekommt *Risse.* Bakterien und Fliegen setzen sich dort gerne an.
Wenn unverpackter Käse in den Kühlschrank gelegt wird, wird er rasch austrocknen. Er kann aber als Reibkäse durchaus noch verwendet werden.

Nicht ausgereifter Käse

Ist der Käse nicht fertig, das heißt, hat er nicht genügend Zeit zum Reifen gehabt, oder wurde der Käse *zu früh angeschnitten,* ist er nicht durchgereift. Er ist *innen noch bröckelig.* Einmal angeschnitten, reift der Käse nicht mehr richtig nach.
Mit einer *Prüfnadel* wird der Käse *vor dem Anschneiden* angestochen. Die herausgezogene Käsesäule muß biegsam, elastisch sein und darf nicht abbrechen, dann ist der Käse fertig gereift. Sie wird wieder in den Käse zurückgeführt und die Rinde verschmiert.
Mit einer genauen Buchführung kann die Reifungszeit besser beobachtet und eingehalten werden.

Hartkäse ohne Wasserzugabe

Fügt man der Milch, *besonders der Schafmilch,* kein Wasser zu, wird schon beim Verziehen des Bruchs festgestellt, daß es schwer möglich ist, ihn gut umzulegen, weil zu wenig Flüssigkeit vorhanden ist. Der Bruch wird zerstört und zu viel Staub geht in die Molke ab.

Der Käse bleibt auch nach langer Reifungszeit bröckelig und trocken. Es kann *noch beim Auskäsen warmes Wasser zugefügt werden,* um besser arbeiten zu können. Bruchwaschen behebt den Fehler noch ein wenig.

Versalzen des Käses

Wenn das Salzbad zu stark war und/oder der Käse zu lange in diesem liegen gelassen wurde, wird er *versalzen* sein. Auch beim Trockensalzen kann zu viel Salz verwendet werden.
Als Abhilfe kann er eventuell vorübergehend in Wasser, das ihm Salz entzieht, gelegt werden.

Schlechte Rindenbildung

Wenn der Käse zu kurz oder in einer *zu milden Salzlake* war, wird die Rindenbildung nur schlecht vorangehen. Der Käse wird *nachträglich trocken gesalzen* bzw. in die Schmiere wird etwas mehr Salz gegeben.

Fehler am Emmentaler

Rißler

Eine *große Anzahl kleiner Löcher und Poren mit feinen Rissen* sind im Käse sichtbar.
Dies entsteht, wenn zu stark vorgesäuerte Milch oder zu starkes Lab verwendet wurde, wenn die Einlabtemperatur zu hoch war, oder durch coliforme Bakterien. Es kann auch davon herrühren, wenn zu lange verkäst oder zu stark gesalzen wurde, der Bruch zu fest oder der Reifungsraum zu kühl war.

Gläsler

Im Käse sind *wenig oder keine Augen,* aber der Geschmack ist gut.
a) *Spaltige Gläsler:* Schnitte und Sprünge im Käse. Der Käse zerbröckelt beim Aufschneiden.
b) *Blinde Gläsler:* keine Öffnungen im Innern des Käses.
c) *Schlitzförmige Gläsler:* schlitzförmige Öffnungen.
Gläsler entstehen durch Fehler bei der Verarbeitung, eine falsche Temperatur oder bei häufigen Temperaturschwankungen im Reifungsraum.

Geblähter Käse

Es sind *zu große, verbundene Öffnungen im Käse.* Er hat geschmacklich eine mindere Qualität, schmeckt meist ranzig oder seifig. Der Laib kann schließlich platzen. Die Blähung wird durch *Unreinheiten* der Milch (Silomilch) oder *Hygienefehler* bei der Verarbeitung hervorgerufen.

Schaden am Käse

Fliegen

Fliegen können den Käse in jedem Stadium befallen. Fliegengitter vor den Fenstern sind notwendig. Auch durchs Schlüsselloch können Fliegen in den Käseraum kommen. Madiger Käse wandert jedenfalls zu den Hühnern.

Mäuse und Ratten

Mäuse, Ratten, aber auch Katzen machen sich sehr gerne an nicht geschützte Lebensmittel und besonders gerne an Käse heran. Der Käseraum muß oft kontrolliert werden. *Es muß aber gewarnt werden, im Reifungsraum Gift auszulegen.* Denn das Gift kann vertragen werden! Es ist daher wichtig, daß der Lager- und Reifungsraum fliegen-, ratten- und mäusesicher ist, bevor der Käse hineingegeben wird. Eine stete Kontrolle ist besser als eine große Enttäuschung!

GERÄTE ZUR KÄSEHERSTELLUNG

Hinweis

Alle Geräte sollten nach Möglichkeit vor Gebrauch in kochendes Wasser getaucht werden. Die gebrauchten Geräte werden immer zuerst mit kaltem und dann erst mit heißem Wasser gereinigt. Die Hände müssen immer gut und gründlich mit Seife gewaschen sein. *Die weiße Arbeitskleidung soll auskochbar sein.* Beim Käsen sollen keine Wollpullover getragen werden; eine Kopfbedeckung ist empfehlenswert.

Milchschüssel

Seit alters her werden irdene, flache Schüsseln als Milchschüsseln verwendet. Alte Formen sind in verschiedenen Museen aufbewahrt und zu besichtigen. Man verwendet auch heute noch flache Schüsseln zum Säuern und zum Aufrahmen der Milch. Der Rahm steigt in weiten, flachen Schüsseln besser auf als in hohen, engen Gefäßen. Er wird mit einem flachen Schöpfer abgeschöpft. Die Milchgefäße dürfen innen nicht ausgeschlagen sein, denn dort würden sich unerwünschte Bakterien festsetzen. Da das Aufrahmen länger dauert, haben diese eine bessere Chance, sich rasch auszubreiten und die Milch zu verderben.
Oft verwendet man heute Plastikschüsseln. Es wird aber *von zu viel Plastik in der Küche* und bei der Käsebereitung *abgeraten.*
Zwar gelten die meisten Plastikgegenstände als lebensmittelecht. Manches Plastik löst sich aber durch die Milchsäure langsam auf, und Spuren davon gehen in die Milch ab. Die Milch verändert ihren Geschmack. (Man mache doch selbst einmal einen Versuch und lasse Milch einige Zeit in Plastik und in Keramik stehen und beobachte, wie sich die Milchproben dann geschmacklich unterscheiden.)

Milchtopf

Der Milchtopf wird zum Erwärmen der Milch verwendet. Dieser war früher meist aus Kupfer, aber auch aus verzinntem Blech. Nach dem heutigen Stand der Wissenschaft werden emaillierte oder Edelstahl-Töpfe empfohlen. In manchen Käsereien wird mit großen Kupferkesseln gearbeitet.
Für den Anfang genügen zwei unterschiedlich große Emailtöpfe, die ineinandergestellt für Wasserbad und Milchtopf geeignet sind. Wichtig ist, daß der Milchtopf innen nicht ausgeschlagen und ein passender Deckel vorhanden ist. Die Größe der Töpfe hängt von der täglich zu verarbeitenden Milchmenge ab. Sie sollten jedoch so groß sein, daß der Bruch gut bearbeitet werden kann.

Käsekessel

Es gibt vielseitig verwendbare Kochtöpfe (27 l), die mit elektrischer Heizung, Thermostat und Innenkessel für das Wasserbad ausgerüstet sind. Für größere Tagesmilchmengen werden im Spezialhandel Käsekessel angeboten.

Für den Selbstbau kann dem Milchtopf entsprechend eine in der Größe angepaßte Kunststoffwanne installiert werden. Eine Schlauch-Zuleitung wird mit dem Warmwasserhahn verbunden und der andere Schlauch dient als Abfluß. Der Abflußschlauch führt innen bis zum Boden, damit beim Erwärmen das kühlere Wasser von unten abgesaugt werden kann. Der Milchtopf schwimmt im Wasserbad. Das Wasserbad kann auch mit einem Tauchsieder mit Thermostat erwärmt werden. Hier sind den Bastlern keine Grenzen gesetzt (siehe Bild Seite 191).

Thermometer

Für die Käseherstellung werden zwei Thermometer benötigt, eines für die Milch und eines für das Wasserbad. Beim Käsen und der Joghurtzubereitung hängt viel von der exakten Temperatur ab. Entsprechende Thermometer gibt es im Handel, eventuell kann auch ein Laborthermometer dienlich sein. Wichtig ist, daß es keine Quecksilber-, sondern eine (rote) Weingeistsäule hat. Das Thermometer sollte eine Vorrichtung haben, mit der es am Topfrand eingehängt werden kann.

Meßbecher

Um die genaue Milchmenge abmessen zu können, wird ein Meßbecher verwendet.

Meßlöffel

Für die Labpulverzugabe und auch für die Zugabe von Säurewecker oder Kulturen kann ein Satz Meßlöffel nützlich sein.

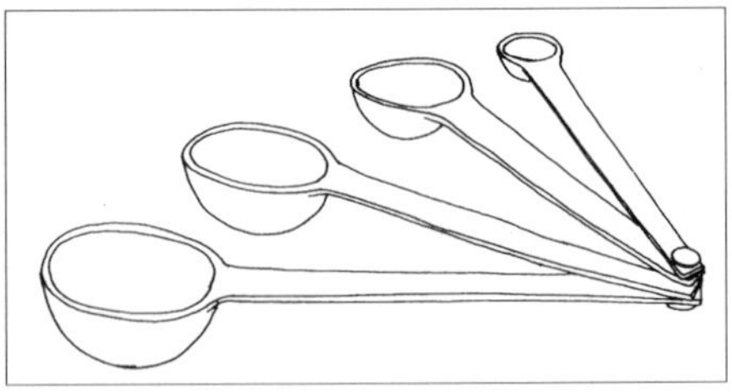

Käsetuch

Das Käsetuch wird vor allem bei der Herstellung von Hartkäse verwendet. Es kann aber auch nützlich sein, wenn man noch keine „richtigen“ Formen hat, um den Käsebruch in ein Tuch zu knüpfen und einfach aufzuhängen. So entstehen die ersten Frisch- oder Weichkäsekugeln. Das Käsetuch wird verwendet, um Topfen oder Zieger von der Molke zu trennen. Dazu kann man neue, gut ausgekochte Windeltücher, Tücher aus feinem, weißen Baumwollstoff, Etamin oder grobe Käsetücher aus Leinen nehmen. Jene aus Leinen eignen sich für Hartkäse.

Messer, Käsemesser oder -säbel

Zum Schneiden der Gallerte verwendet man ein langes Messer, das bis zum Boden des Milchtopfes reichen muß. Man kann jedes beliebige Messer oder eine Kuchenpalette dazu verwenden. Die entstandenen Käsesäulen kann man mit einem gebogenen Draht horizontal schneiden.

Käseharfe

Für die tägliche Hartkäseproduktion ist eine Käseharfe eine große Arbeitserleichterung. Auf einem nicht zu dicken Nirosta-Rahmen werden Drähte im gewünschten Abstand gespannt.

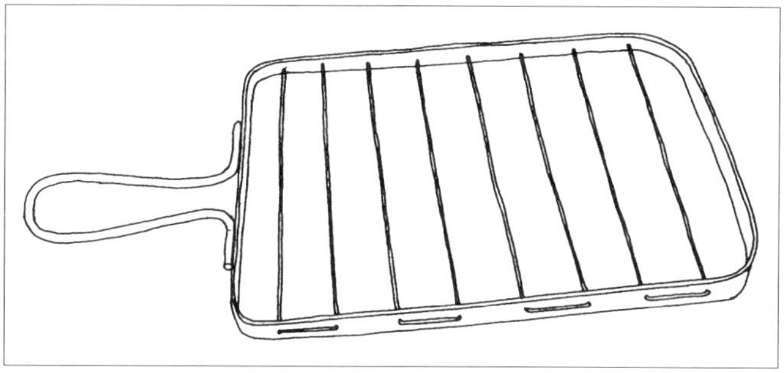

Kochlöffel

Zum Rühren des Käsebruches benötigt man einen großen Kochlöffel, der nur für Käse verwendet wird.

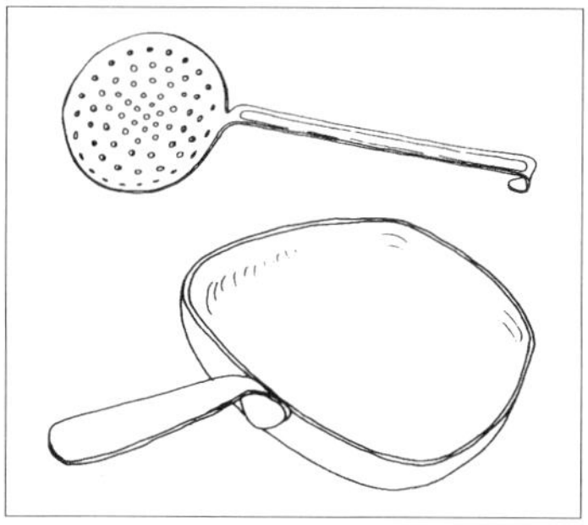

Flache Schöpfkelle

Zum Verschöpfen der Gallerte und zum Umlegen des Bruchs wird ein flacher Edelstahl-Schöpfer verwendet.

Verziehblech

Zum Verziehen des Bruchs wird eine große Teigspachtel oder ein Verziehblech benützt.

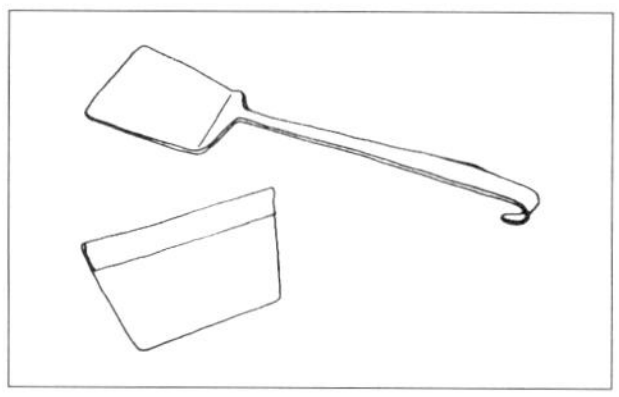

Käsebrett

Käsebretter gibt es aus Fichte, Tanne, Buche in den verschiedensten Formen. Eine Nut rund um das Brett mit einer Abrinnase gibt der Molke die Richtung, in die sie laufen darf. Auf Käsebrettern kann man die Käse in Formen zum Entmolken stellen oder Hartkäse zum Reifen legen.

Käsebretter müssen stets sorgfältig gereinigt und gebürstet und oft in der Sonne oder beim warmen Herd zum Trocknen aufgestellt werden.

Abstellgitter

Kunststoffummantelte Gitter (z. B. aus einem alten Kühlschrank) über eine Molkewanne gelegt haben sich an Stelle der Bretter bewährt.

Abtropfgitter

Ein feinmaschiges Abtropfgitter aus milchfestem Kunststoff legt man über ein Abstellgitter oder ein Brett, damit die Molke besser abrinnen kann, der gestürzte Käse nicht durchbricht bzw. sich kein Nässestau am Brett bildet.

Schneebesen, Käsequirl oder Käsebrecher

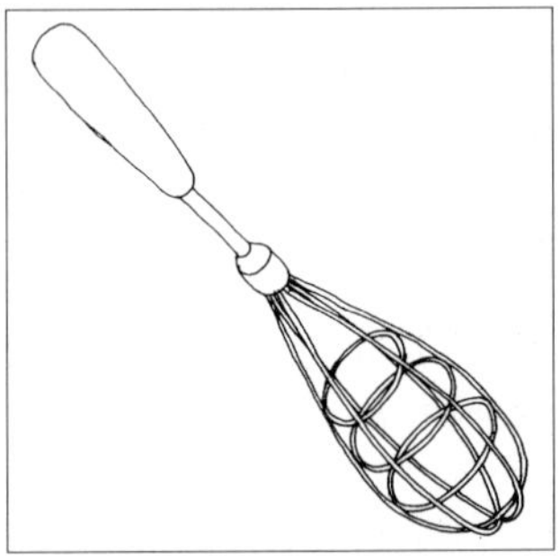

Zum Einrühren von Lab, Säurewecker oder einer Bakterienkultur und auch zum Zerkleinern des Bruchs wird ein Schneebesen verwendet. Käsebrecher sind grobmaschige Quirle, die für die Zerkleinerung von Hartkäsebruch notwendig sind.

Käsebohrer

Sie werden zum Überprüfen des Reifezustandes von Hartkäse verwendet.

Tropfflasche für Lab

Bei Flüssiglab ist ein Tropfenspender an der Flasche für kleinere Labmengen vorteilhaft.

Pipette

Bei größeren Milchverarbeitungsmengen benötigt man zum Messen der Labmenge eine Pipette mit etwa 5–10 ml Fassungsvermögen.

Bürette

Erfahrene Käser messen gerne den pH-Wert von Milch, Bruch-Molke-Gemisch, Molke oder Joghurt. Die Säuregradbestimmung nach Soxhlet-Henkel (SH-Grade) wird mit einer Bürette mit Natronlauge durchgeführt.

Zentrifuge, Butterfaß und Butterrührglas

Diese Geräte sind nun wieder in einem gutsortiertem Angebot am Markt. Auch alte Geräte, die noch da und dort am Bauernhof zu finden sind, sind noch gut zu gebrauchen.

Käseformen

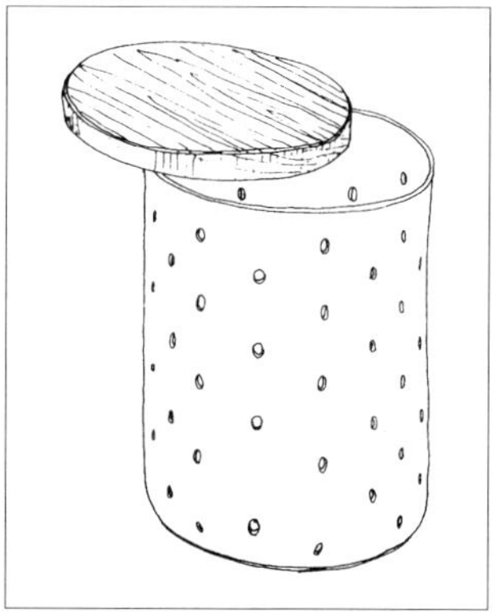

Man verwendet *Formen aus Holz, Edelstahl oder Plastik.* Sie sind entweder konische oder zylindrische gerade Becher, haben Röhren-, Kasten- oder Ziegelform, mit oder ohne Boden.
Holzformen: Es kann nicht jedes Holz verwendet werden. Buche oder Tanne ist günstig. Zu weiches Holz verfärbt sich nach einiger Zeit grün oder bläulich. Das Holz zieht die Molke an, und das Säubern der Formen ist nicht besonders leicht. Dennoch ist Holz ein gutes Material und wurde früher auch zumeist verwendet. Heute ist noch vielfach der Jerb oder Käsereifen in Gebrauch. Dieser wird mit einer Schnur oder einem Spannreifen zusammengehalten.

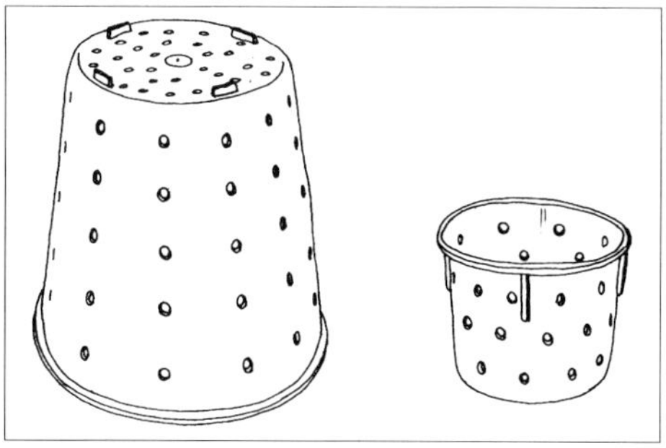

Metallformen: Sie sind als Gitter- oder Kastenformen, auch als Röhren in Verwendung. Das beste Material dafür ist Edelstahl, da es gut zu reinigen und säurefest ist. Verzinktes Eisen und Aluminium sind ungeeignet.
Kunststofformen: Es gibt Plastikbecher mit Löchern, in leicht konischer oder zylindrischer Form, oder Formen ohne Boden, die auf Abtropfgitter gestellt werden. Die Lochformen sollen innen ganz glatt sein, damit der Käse nicht hängen bleibt und die Gefäße leicht zu reinigen sind.
Tonformen: gesinterte Tonformen werden manchmal noch verwendet (Bild Seite 155).

Käseformen für Hartkäse: Entweder man verwendet den *Jerb mit einem Käsetuch* – wobei beim Wenden des Käses auch immer umgetucht werden muß – oder *Kunststofformen* mit Boden und passendem Preßdeckel.

Käsewachs

Für Hartkäse ist das Käsereiwachs fast unentbehrlich. Man erhält es meist nur in großen Mengen in Käsereibetrieben oder Molkereien.

Käsekasten

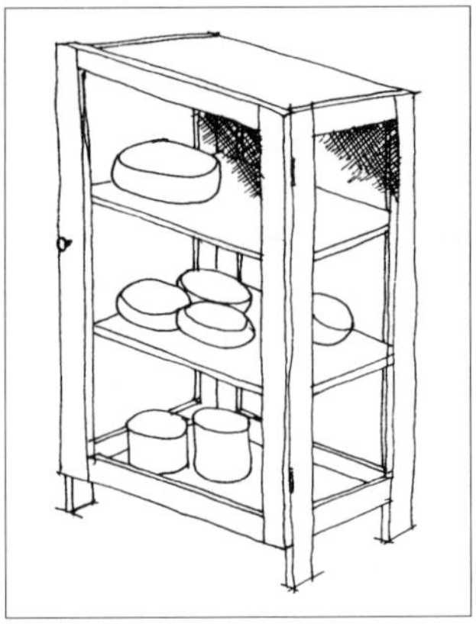

Wenn kein eigener Raum zur Verfügung steht, sollte man zur Aufbewahrung der Käse, vor allem der Schnitt- und Hartkäse, einen Käsekasten haben. Dieser besteht aus Holzrahmen, die mit engem Fliegengitter bespannt sind. Der Kasten muß sehr gut schließen, und es dürfen auch zwischen den Türen keine Fliegen ins Innere gelangen. Er wird in einem Keller oder Raum bei 12–14 Grad aufgestellt oder aufgehängt. In südlichen Ländern hängen mit Ziegenkäse gefüllte Käsekasten im Schatten, damit der Käse gut reifen kann.

Fliegengitter

Die Fenster des Käseraumes müssen mit Fliegengitter abgedichtet werden.

Joghurtbereiter

Im Handel gibt es verschiedene Joghurtbereiter. Vor dem Kauf ist es wichtig zu wissen, wieviel Joghurt man auf einmal machen will, damit die richtige Größe besorgt werden kann. Es dienen auch eine Kochkiste, ein elektrischer Kochkessel mit Thermostat (Kochstar) oder ein Wasserbad mit Tauchsieder und Thermostat für die Joghurtzubereitung. Das Gerät soll die Temperatur konstant auf 42–44 Grad halten können. Tut es das nicht, wird statt Joghurt im engeren Sinn ein joghurtähnliches Sauermilchprodukt hergestellt.

Kochkiste

Im und nach dem Krieg wurde die Kochkiste zur Energieersparnis verwendet, um Speisen lange warm zu halten. Eine gut schließende Kiste wurde innen rundum gut, teils mit Stroh, teils mit Pölstern isoliert, so daß der Speisentopf gerade Platz fand. Heute verwendet man Styropor. Diese Kochkiste kann für die Joghurtbereitung und für das Warmhalten der dickzulegenden Milch verwendet werden.

Einweckgläser

Zur Aufbewahrung von Frischkäse in Olivenöl werden am besten Gläser mit Deckel verwendet, die leicht konisch sind, keinen eingezogenen oberen Rand haben (Pastetengläser) und der Größe der Käselaibchen entsprechen.

Käsemühle

Diese Mühle ist notwendig, um den schon gepreßten Topfen oder Käse nochmals zu zerreiben. Sie wird in Großkäsereien verwendet. Als Behelf dient ein eigener Fleischwolf.

Formtisch und Spann-, Salz- oder Beiztisch

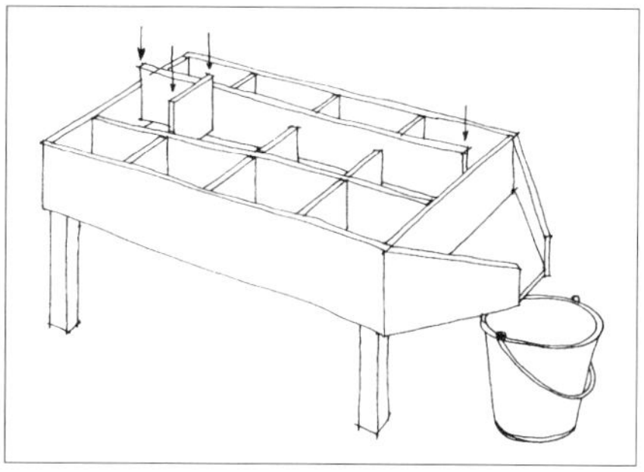

Diese Vorrichtung dient für die Herstellung von Backsteinkäse wie z. B. Limburger. Die eingesetzten Brettchen teilen den Käse in die gewünschte Ziegelform und ermöglichen beim Salzen und Umspannen das Pressen.

Käsepresse

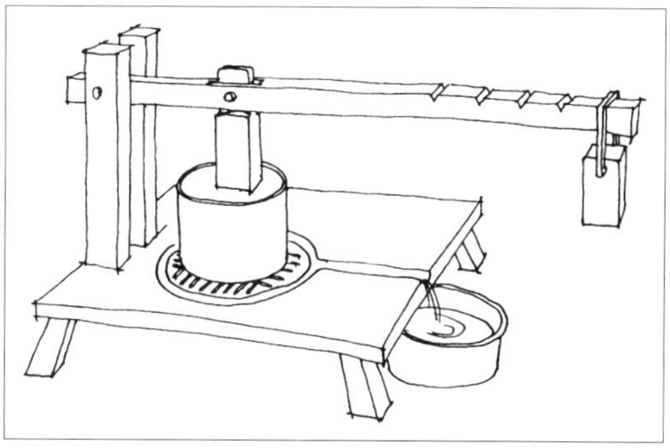

Für das Pressen von Hartkäse ist eine Käsepresse notwendig. Als Behelf kann eine alte Mostpresse umgerüstet werden.

Hände

Nicht zu vergessen ist, daß auch die Hände „Geräte“ sind, mit denen viele Arbeitsvorgänge durchgeführt werden. Mit diesen „Geräten“ sollte sehr sorgsam umgegangen werden. Risse, Schrunden und Wunden sollten nicht vorhanden sein, sonst müssen feine Gummihandschuhe getragen werden. Die Fingernägel müssen stets kurz geschnitten und sauber gebürstet sein.

Kleidung

Es empfiehlt sich, Kleidung beim Käsen zu tragen, die den Ansprüchen der Hygiene gerecht wird: Weißer Arbeitsmantel, weiße Schürze, Kopftuch oder Haube, weiße Schuhe, jedoch keine fusseligen Wollpullover, niemals Stallkleidung oder Straßenschuhe; feine Gummihandschuhe, wenn dies notwendig ist. Für gelegentliche Besucher sollte auch vorgesorgt sein.

ANHANG

Der Anhang soll eine Art Lexikon sein und einige Begriffe, die in der Käserei häufig vorkommen, knapp zusammengefaßt darstellen.

Aflatoxine

sind giftige, womöglich krebserregende Ausscheidungsprodukte gewisser Schimmelarten (z. B. Brotschimmel). Unterschied: Kulturschimmel, eßbarer, erwünschter Schimmel.

Ausbeute

Milchmenge, die benötigt wird, um ein Kilo fertiges Produkt (Käse, Joghurt, Topfen) zu bekommen. 25% Ausbeute heißt: für 1 kg Käse sind 4 l Milch erforderlich. Aus 35 l Vollmilch kann man 3 kg Hartkäse oder 3,6 kg Schnittkäse oder 4–5 kg Weichkäse erhalten bzw. über 1 kg Butter und 6-7 kg Magertopfen. Schafmilch hat eine höhere Ausbeute als Kuh- und Ziegenmilch. Technisches Können erhöht die Ausbeute.

Bruch

geschnittene oder gebrochene Gallerte (Dickete).

Buttermilch

(mit lebenden Keimen) ist ein empfehlenswerter Säurestarter. Sie enthält zwei Stämme für die Säuerung (Streptococcus láctis und Streptococcus crémoris) und zwei für die Aromabildung (Streptocóccus diacetilactis und Leuconóstoc crémoris). Sie ist besonders wegen der Aromabildner für Weich- und Hartkäse sehr gut geeignet.

Einfrieren von Milch, Butter und Käse

Ganz (!) frische Milch kann – am besten in einem ziegelförmigen Behälter – tiefgefroren und später schonend im Wasserbad aufgetaut werden. Zum Verkäsen wird sie mit frischer Milch gemischt, da durch die niedrigen Temperaturen das Eiweiß verändert wird. Auch entmolkter Bruch kann eingefroren und dann weiterverarbeitet werden. Tiefgekühlter Frischkäse wird bröckelig und erleidet Geschmacksveränderungen. – Praktisch ist das Einfrieren von Säurewecker. Die Wiederbelebungszeit beträgt bei ca. 30 Grad etwa 1/2 Stunde.

Einlabtemperatur

Frischkäse: 20–28 Grad, Weichkäse 28–32 Grad und Hartkäse 32 bis über 36 Grad. Während des Dicklegens soll die Temperatur gleich hoch bleiben.

Fett

Fett ist in der Milch in Form winziger Kügelchen (d = 5/1000 mm) verteilt, die sich bei Kühllagerung zusammenballen und aufsteigen (Aufrahmen). Durch das Homogenisieren werden sie mechanisch zerschlagen, das Aufrahmen unterbleibt großteils. Da auch der Schutzmantel kaputtgeht, ist homogenisierte Milch anfälliger für bakterielle Zersetzung, die Milch wird schlecht. Es verändert sich auch die Verdaulichkeit; das Fett wird schneller und leichter ins Blut aufgenommen.

F. i.T.

Fett(gehalt) in der Trockenmasse. Umrechnung auf den wahren (absoluten) Fettgehalt: Frischkäse: etwa mal 0,3; Weichkäse: mal 0,4. Ein Beispiel: Topfen (Käse mit hohem Wassergehalt) mit 40% F. i.T. (Angabe laut Packung) enthält ca. 10–12 g Fett absolut pro 100 g Produkt. Hingegen enthalten 100 g Emmentaler (niedriger Wassergehalt) mit 45% F. i.T. – man multipliziert hier mit 0,6 – mindestens 27–30 g Fett. Je höher der Fettgehalt, desto voller schmecken Käse oder Joghurt.

Gasbildung im Käse

Erwünscht bei Emmentaler, Bergkäse u. a. durch Zusatz von Propionsäurebakterien, die während der Reifung Inhaltsstoffe spalten und Gas abgeben. Unerwünschte Gasbildung durch Verschmutzung (Colibakterien, Hefen, Buttersäurebakterien), ersichtlich durch kleine Löcher und Risse im Käseteig.

Gesetze

Sobald Milchprodukte „in Verkehr gebracht" werden, muß eine Vielzahl von Gesetzen und Verordnungen beachtet werden. Da diese häufig novelliert werden, nimmt man am besten rechtzeitig mit der zuständigen Lebensmittelbehörde Kontakt auf.
Achtung! Geschützte Namen (Roquefort, Rollino, Gorgonzola etc.) dürfen nicht verwendet werden. Eigene Hofnamen entwickeln!

Grenzwerte

Bakterien- und Hefenanzahl in einem Gramm der Milchprodukte, die in mikrobiologischen Untersuchungsanstalten festgestellt werden. Einzeluntersuchungen sind wegen der kostspieligen Nährböden sehr teuer, sollten aber regelmäßig aus Sicherheitsgründen und zur Selbstkontrolle gemacht werden, auch wenn Käse „nur" selbst gegessen wird.

Impfen

Vor dem Verarbeiten wird die Milch mit einer gewissen Menge der gewünschten Starterkultur (Milchsäure- oder Joghurtbakterien, Kulturschimmel) versetzt.

Käse-Einteilung

Das Wort Käse kommt vom lateinischen *caseus* und *coagulum formatum* (geformtes Gerinnsel): kaas, cheese, queso, formaggio, fromage, ... Käse ist „konzentrierte und durch mikrobielle Reifung veredelte Milch".

Einteilung nach Wassergehalt

		Wasser in der fettfreien Trockenmasse
I	Reibkäse (Parmesan, Sbrinz)	bis 49%
II	Hartkäse (Emmentaler, Bergkäse)	49–55%
III	Schnittkäse (Edamer, Tilsiter, Gouda)	55–62%
IV	Halbfeste Schnittkäse (Butterkäse, Edelpilzkäse)	62–68%
V	Weichkäse (Camembert, Brie, Romadur)	68–73%
VI	Frischkäse	73–86%

Einteilung nach Fettgehalt

	Fettgehalt		*Fettgehalt*
mager	10%	vollfett	45%
1/4-fett	15%	Rahmstufe	55%
1/2-fett	25%	Doppelrahmstufe	65%
3/4-fett	35%		

Käsereisalz

Calciumchlorid ($CaCl_2$). Beim Erhitzen der Milch auf über 70 Grad wird Calcium gebunden, steht daher nicht mehr für die Labgerinnung zur Verfügung und wird als Salz nach dem Pasteurisieren in Mengen von 10 g/100 l Milch zugesetzt, sonst bleibt die Gallerte zu weich.
In manchen Ländern sind auch Nitrate (gegen sporenbildende Bakterien) zugelassen.

Kennzeichnungsverordnung

Auf verpacktem Käse müssen angegeben werden: Hersteller (Name, Adresse), Gewicht, Art des Käses, Fettgehalt, Milchart, Lagerbedingungen und Haltbarkeitsdauer in Tagen, etc.

Labmenge

Abhängig von der Art der Milch (bei Schafmilch weniger als bei Kuh- und Ziegenmilch), Labstärke (meist 1:15.000), Art des Käses. Je höher die Labmenge, desto rascher stockt die Milch, desto fester wird der Bruch und desto elastischer der Käseteig. Mehr Molke wird ausgedrückt, im Extremfall wird der Käse gummiartig und geschmacksarm. Faustregel: 1 ml = 15–20 Tropfen.

Frischkäse	0,4–0,8ml/l Kuhmilch	etwa 6–9 Tropfen/l
Topfen	ca. 0,02 ml/l – je nach Rezept	etwa 3 Tropfen/10 l
Weichkäse	0,2–0,4 ml/l	etwa 3–6 Tropfen/l
Hartkäse	0,2 (Schafmilch: 0,12 –0,15) ml/l	etwa 3 Tropfen/l

Labwirkung

Sie ist abhängig von:

a) der Temperatur: Möglicher Bereich: 20 bis maximal 41 Grad. Höhere Temperaturen führen zu rascherer Dicklegung, schnellerem Molkeaustritt und festerem Bruch, evtl. gummiartigem, geschmacklosen Käse.

b) der Säuerung der Milch: je angesäuerter die Milch, desto rascher wirkt das Lab; sind Rückstände von Reinigungsmitteln (alkalisch) vorhanden, gerinnt die Milch nicht.

c) der Erhitzung der Milch: der Bruch wird weicher.

Lichteinwirkung schadet dem Lab. Daher immer gut verschlossen, kühl und dunkel aufbewahren.

Liebe

Sie ist die geheimnisvolle Zutat, die selbstgemachten Käse so einzigartig macht und am auffälligsten vom industriellen Produkt unterscheidet. Es sollte mit der Menge nicht gespart werden. Sie ist wissenschaftlich nicht meßbar, kostet nichts und steht jedem immer zur Verfügung, wenn man sie geben will. Die liebevolle Zuwendung beginnt bei den Tieren und reicht bis hin zum Servieren. Erfahrungsgemäß geht nichts davon verloren!

Milchzucker

Lactose. Durch den Reifungsprozeß wird Lactose in Milchsäure verwandelt (vergoren), es entstehen dabei charakteristische Löcher.

Pasteurisieren

Durch Erhitzung werden viel Mikroorganismen (Bakterien und mögliche Krankheitserreger) abgetötet.
Kurzzeiterhitzung: 72–74 Grad, 15 Sekunden lang.
Dauererhitzung: 65 Grad, 30 Minuten lang.
Durch Pasteurisieren kann Eiweiß ausflocken. Diese „Haut" wird mit dem Schneebesen verrührt. In der Molkerei geschieht das durch die nachfolgende Homogenisierung.

Pikieren

Anstechen von Käsestücken während der Reifungszeit mit ausgeglühten, sterilen Nadeln, um Luft ins Innere zu bringen und das Schimmelwachstum zu fördern.

Salzlake

Zum Einlegen von abgetrocknetem Handkäse oder Feta. Auf 1 l Wasser werden ca. 5 dag Salz gegeben, das Wasser wird aufgekocht und wieder abgekühlt.

Säuerung

Kaltsäuerung (für Frischkäse): Einlaben bei 20 bis 24 Grad ergibt höhere Ausbeute. Dauer etwa 12 Stunden oder länger.
Warmsäuerung: Einlaben bei 28 Grad und darüber. Dauer: meist 30 bis 45 Minuten, selten bis zu 2 Stunden.

Silage

Schlecht gesäuerte Silage enthält sporenbildende Clostridien, die über Luft und Futter in die Milch gelangen können, sich rasch vermehren und Reifekäse durch Fehl- oder Spätgärung zum Zerreißen bringen können. Zusätzlich kann fehlerhafte Silage Listerien enthalten. Bei einwandfreier Silage sollte es keine Probleme geben, auch beim Herstellen von festeren Käsen.

Schmelzkäse

80% hochwertige Käsereste werden mit 20% minderwertigen Käseresten unter Zusatz von Kochsalz, Citraten, Phosphaten und evtl. Gewürzen und Kräutern bei 85–100 Grad in 5–10 Minuten geschmolzen.

Schmierelösung

In kaltes Wasser werden 5% Salz und reine Rotschmierekultur (Brevibacterium linens) gemischt, die Bakterien lassen die Käse von außen nach innen reifen. Fett und Eiweiß werden zu Säuren abgebaut.

Spezialkulturen

Neben den üblichen Säurestartern verwenden wir:
- Joghurtbakterien (Streptococcus lactis, Lactobacillus bulgaricus)
- Eiweißspalter für die Oberflächenreifung (Brevibacterium linens)
- Aromabildner (z. B. Leuconostoc)
- Gasbildner (Propionibacterium)
- Schimmelpilze (Penicillium camemberti oder P. roqueforti)

Thermisieren

Erwärmen der Milch zum Zweck der Keimreduzierung, aber unter den Pasteurisierungstemperaturen, bei 65 Grad einige Minuten. Nachteile des Pasteurisierens werden gemindert, eine gewisse Bakterienabtötung und -schwächung wird aber damit erzielt.

Topfen

wird auch Quark genannt.

Wasserbad

Milch und Bruch werden am schonendsten im Wasserbad erwärmt. Es gibt teure Doppelwand-Wannen zu kaufen (ab 35 l). Für den Hausgebrauch stellen wir zwei Töpfe ineinander. Die Temperatur des Wassers muß langsam gesteigert werden. Ist das Wasser wärmer als die Milch, wird die Milch wärmer, auch wenn wir die Töpfe von der Wärmequelle genommen haben.
Beim Verkäsen im Wasserbad wird die Milch oder der Bruch auf gleicher Temperatur gehalten.

Detailübersicht des selbstgebastelten Wasserbades: Die linke Bohrung dient als Zufluß. Der rechte Schlauch reicht fast bis zum Boden und läßt das kühlere Wasser abfließen, wenn oben warmes Wasser zugeführt wird. Einfacher und wirksamer geht es wohl kaum!

Zeit

Die Zeit spielt beim Käsen eine wichtige Rolle. Die Zeiten zwischen den Arbeitsvorgängen bestimmen zu einem wesentlichen Teil das Gelingen des Käses. Die Zeit kann aber nicht immer genau angegeben werden. Da sind Erfahrung und Beobachtung sehr wichtig. Das „Zeitl" mehr oder weniger macht oft den Erfolg aus.

BEZUGSQUELLEN VON KÄSEREIBEDARF

Österreich

Käsereibedarf

Siegelfolie, Verpackungspapiere: Fa. ANGER & Co., GmbH, Käsereitechnik, Stockerauer Straße 110, A-2100 Korneuburg, Tel.: 0222/2955 oder 2937.
pH-Indikationspapiere (pH 4,0-7,0): Fa. AUSTRO MERCK GmbH, Zimbagasse 5, A-1147 Wien, Tel.: 0222/828926.
BHG Betriebsmittel, Zentrale Ried, Molkereistr. 3, 4910 Ried i. I., Tel.: 07752/84580-0, Fax: 07752/84580-49.
BHG Betriebsmittel Graz, Babenbergerstraße 75, 8020 Graz, Tel.: 0136/763020, Fax: 0315/763020-30.
BHG Betriebsmittel Elixhausen, Käsereiweg 2, 5161 Elixhausen, Tel.: 0662/480137, Fax: 0662/480137.
BHG Betriebsmittel Wien, Trauzlgasse 4, 1210 Wien, Tel.: 01/2726336, Fax: 01/2726336-28.
BHG Betriebsmittel Innsbruck, Valiergasse 15, 6020 Innsbruck, Tel.: 0512/398406, Fax: 0512/398706.
Milchwirtschaftliche Geräte: Hildegard GLÜCK, Munderfing 44, A-5222 Munderfing, Tel.: 07744/6071.
Verpackungsdosen, Milchbecher: Fa. GREINER, Verpackung, A-4550 Kremsmünster.
Geräte: Firma HEINDL & Co., Triester Straße 227, A-1232 Inzersdorf, Tel.: 0222/672553-0.
Fa. BERTSCH Ges.m.b.H & Co., Herrengasse 23, Postfach 61, A-6700 Bludenz, Tel.: 05552/6135-0, Fax: 05552/66359.
MAB, Bundesstraße 1, A-5450 Werfen, Tel.: 06468/7770-0, Fax: 06468/7770-14.
Labor BUCHRUCKER Ges.m.b.H., Aschacherstraße 1, A-4100 Ottensheim, Tel.: 07234/83304, Fax: 07234/83306.
FAIE-VERSAND, Telefunkenstraße 11, A-4840 Vöcklabruck, Tel.: 07672/716-0, Fax: 07672/716-34.
Thermometer: K. M. HUBER, 8942 Wörschach, Postfach 1, Tel.: 03682/22267.

Milchsäure- und Bakterien-Kulturen

Labpulver und Labextrakt: Josef HUNDSBICHLER KG, A-6332 Kufstein, Tel.: 05372/62256.
Molkereilaboratorium „WIESBY“ (Fa. PKL-Verpackungssysteme GmbH), Industriestraße 14, Postfach 103, A-5760 Saalfelden.
Flora Danica (Flensburg), Firma Walter SEDELMAYER, Obere Weißgerberstraße 14, A-1030 Wien.
Flüssiglab: APOTHEKEN
bionic-Kulturen: BIOLÄDEN
Kräuterwürze: WALDLAND Ges.m.b.H., Edelhof, A-3910 Zwettl.

Deutschland

Laboratorien

BIOGARDE Markenkulturen, Deutsche Bioghurt Gesellschaft m.b.H., Kaiserplatz 2, D-80803 München, Tel.: 089/34 40 02-3.
Deutschlands FLORA, Richard WILKEN, Postfach 42, D-25548 Kellinghausen.
Laboratorium Dr. DREWES, Postfach 68, D-38723 Seesen/Harz.
Kulturen: Labor WIESBY, D-2260 Niebüll, Tel.: 0 46 61/602-0.

Geräte

BUNTE KUH, Jay Brady, Hinterdorfstraße 18, D-36154 Hosenfeld-Hainzell, Tel./Fax: 0 66 50/15 60.
HÄKA – Buttermaschinen GmbH, Wallonenstr. 27, D-76297 Stutensee, Tel.: 0 72 49/85 01.
Martin KÖSSEL, Molkereigeräte, Postfach 83, D-87509 Immenstadt/Allgäu.
Helmut RINK GmbH, Geräte für Obst- u. Milchverarbeitung, Wangener Straße 18, D-88279 Amtzell/Allgäu, Tel.: 0 75 20/61 45.
Rudolf ZANETTIN GmbH, Kleinkäsereigeräte, neu und gebraucht, Elhardtplatz 2, D-87471 Durach/Kempten, Tel.: 0 831/63 0 94, Fax 61 0 35.
A.S.T.A. – eismann GmbH, Postfach 2134, D-59254 Neubeckum, Tel.: 0 25 25/ 93 06-0, Fax: 0 25 25/ 93 06-20

Schweiz

Geräte

Joh. BICHSEL u. Sohn & Co, Postfach 10, CH-3506 Grosshöchstetten, Tel.: 03 17 11/11 11.

LITERATURVERZEICHNIS

BÄSSLER, FEKL, LANG: „Grundbegriffe der Ernährungslehre", Springer, Berlin 1979.

BERSCH, Wolfgang: „Milch und Milchprodukte – ein Handbuch des Molkereibetriebes von Ferdinand Baumeister", Chem. Techn. Bibliothek, Band 217, Hartleben, Wien 1923.

BLATTNER, Fritz: Schweizerische Milchschafzüchter-Vereinigung: Diverse Artikel über den Wert der Schafmilch.

BUNDESANSTALT für Milchwirtschaft: „Kursunterlagen" Wolfpassing, A-3261 Steinakirchen.

BUSTORF-HIRSCH, MAREN: „Joghurt, Quark, Käse und Butter", Schmackhaftes aus Milch hausgemacht, Falkenverlag.

BRUKER, M. O.: „Unsere Nahrung – unser Schicksal", bioverlag gesundleben, CH-6072 Dreieich 1982.

„CHEMIE IN LEBENSMITTELN", Hrsg. Katalyse-Umweltgruppe Köln e.V., 34. Auflage, 1985, Zweitausendeins.

CONSORZIO DEL FORMAGGIO PARMIGIANO-REGGIANO (Parmesan): Zu Tisch mit dem König der Käse: Kochen mit Parmigiano-Reggiano. Gratis Broschüre anfordern bei Via Kennedy, 18, Reggio Emilia, Italien.

DAS GROSSE BUCH VOM KÄSE: Kochschule, Warenkunde, Lexikon, Teubner Edition bei Gräfe und Unzer.

DE HOPF: „Auf einfache Art selber Butter, Käse und Yoghurt machen", Holland.

„DER FORTSCHRITTLICHE LANDWIRT" – Fachzeitschrift für die bäuerliche Familie, diverse Ausgaben 1980–1994, Leopold Stocker Verlag, Graz.

DEUTSCHE GESELLSCHAFT FÜR ERNÄHRUNG: „Empfehlungen für die Nährstoffzufuhr", Umschau 1991.

DIE KÄSEGRAFEN, Begleitschrift zur Ausstellung, Vorarlberger Landesmuseum, Bregenz 1990.

„DIREKTVERMARKTUNG von Milch und Milchprodukten": Wichtige rechtliche Bestimmungen, Hygienische Empfehlungen, Adressen von Untersuchungsstellen zur Kurzuntersuchung. NÖ Landwirtschaftskammer, Abt. Vieh- und Milchwirtschaft, Löwelstaße 16, A-1014 Wien.

DREWS, Inghild und Manfred: „Mach es selbst", Leitpläne zur Herstellung von Butter, Käse, Quark und Fruchtsaft in Hauswirtschaften, Tornesch 1986.

DUPONT, Jean-Claude: „Le fromage de l'île d'Orléans", Leméac, Quebec 1977.

EPPENSTEINER, Andrä: „Die Alpensennerei", Selbstverlag, Salzburg 1950.

EUGLING/WEIGMANN: „Handbuch der praktischen Käserei", 3. Auflage, Parey, Berlin 1923.

„FINNISCHE KÄSEREZEPTE", übermittelt von Dir. Knut Drake, Museum Turku.

FITNESS und Lebensfreude mit MILCH, BUTTER, KÄSE, Broschüre, Centrale Marketinggesellschaft der deutschen Agrarwirtschaft GmbH, Postfach 200370, Bonn 2.

GALL, Ch.: „Ziegenzucht", Ulmer Verlag, Stuttgart 1982.

GLYNN, Christian: „Käse machen", Otto Maier, Ravensburg 1980.

HALDEN, Wilhelm: „Milch und Milchprodukte in der Ernährung", Facultas Verlag, Wien 1978.

HANREICH, Ingeborg: „Handbuch Säuglingsernährung" nc-Verlag, Graf Starhemberggasse 39/20, A-1040 Wien.

HÖLZEL, D., ZITTERMANN, A.: „Ernährung und primäre Osteoporose", Aktuelle Ernährungsmedizin 15, 241–250, Thieme 1990.

INSTITUT FÜR ERNÄHRUNGSWISSENSCHAFTEN: „Die große Nährwerttabelle", Universität Gießen.

JACOB, Philippe: „Les grandes Heures des Laitiers en Normandie", Editions Bertout, 1991.

KIELWEIN, G.: „Leitfaden der Milchkunde und Milchhygiene", Parey, Berlin, 2. Auflage, 1985.

KIERMEIER, Friedrich, LECHNER, Erika: „Milch und Milcherzeugnisse", Parey, Berlin 1973.

KLUPSCH, H. J.: „Saure Milcherzeugnisse, Milchmischgetränke und Desserts", Verlag Th. Mann, Gelsenkirchen-Buer 1984.

KONSUMENT spezial: „Käse für Kenner", Österreichs Sorten von A–Z, Beratungsstelle für Konsumenteninformation, Mariahilfer Straße 81, A-1060 Wien.

LE JAOUEN, Jean-Claude: „La fabrication du fromage de chèvre fermier (Die bäuerliche Herstellung von Ziegenkäse)", Paris 1982.

MAIER-BRUCK, Franz: „Vom Essen auf dem Lande", Wien 1983.

MAIER-WALDBURG: „Handbuch der Käse. Käse der Welt von A-Z", Eine Enzyklopädie, Volkswirtschaftlicher Verlag GmbH, Kempten im Allgäu.

MEINDEL-DIETRICH, Caroline: „Kochbuch für ländliche Haushalte", 46. Auflage, Scholle Verlag, Wien 1966.

MELKEN: Der Weg der Milch, Broschüre der Niederösterreichischen Landeslandwirtschaftskammer, Wien 1984.

MILCH: Wissen und Abenteuer, Mayer Junior, Mayer & Comp., Klosterneuburg–Wien.

MILLS, Olivia: „Practical sheep dairying", 2. Auflage, Thorsons Publishers Ltd., London 1984.

MOHL, Renate: Käsekurs-Manuskript, D-Bietingheim-Bissingen.

MÜNSTER, Walter: „Käse selbst gemacht", Fuldaer Verlagsanstalt, 1986.

PETER, A.: „Praktische Anleitung zur Weichkäserei und für die Herstellung der kleinen alpenländischen Hartkäsesorten", Verlag K. J. Wuß, Bern 1925.

RADKE, M.: „Essen und Trinken (k)ein Problem", Leopold Stocker Verlag, Graz 1992.

RENNER, E.: „Milch und Milchprodukte in der Ernährung des Menschen", Volkswirtschaftlicher Verlag, München.

SCHMIDT, Karl-Friedrich: „Käse – Butter – Joghurt leicht selbstgemacht", Parey, Hamburg Berlin 1988.

SCHWINTZER, Ida: „Das Milchschaf", Ulmer Verlag, 5. Auflage, Stuttgart 1985.
SEDLACZEK (Hg.)/BRACHARZ/DEUTSCH u. a.: „Die Käsemacher Österreichs und ihre feinsten Produkte aus Kuh-, Ziegen- und Schafmilch" , Verlag Deuticke, Wien 1993.
SIEBER, R., RÜST, P., BLANC, B.: „Ernährungsphysiologischer Vergleich von roher, pasteurisierter und ultrahocherhitzter Milch in einem Langzeitversuch mit Ratten", alimenta-Sonderausgabe 49–56, 1980.
SHANKARA/PARVATEE: „Milch im Eimer – Alles in Butter", Selbstversorgung mit Milch und Milchprodukten – Grüner Zweig 101, Verlag Lichtheimat, Lustenau.
STÜCKLER, Rudolf: „Chemisch-physikalische sowie mikrobiologische und technologische Parameter von Steirischer Schafmilch und daraus hergestellten Produkten", Diplomarbeit, Universität f. Bodenkultur, 1988.
THUN, Maria: „Milch und Milchverarbeitung", Selbstverlag, Biedenkopf.
VOSS, E.: „Milchwirtschaftliche Technologie in Fragen und Antworten", 2. Auflage,Volkswirtschaftlicher Verlag GmbH, Kempten/Allgäu.
WILLI, Ing. Josef: „Bäuerliche Milchwirtschaft 1–7", Fernschule der Landwirtschaft, Brixnerstraße 1, A-6020 Innsbruck.
ZELTNER, Edith: Hygienestatus selbsterzeugter Schaf- und Ziegenmilchprodukte in Österreich – eine Bestandsaufnahme. Diplomarbeit am Institut für Milchforschung und Bakteriologie, Universität für Bodenkultur, Wien 1988.

STICHWORTVERZEICHNIS

A

Abkochen von Milch 29
Abtropfgitter 80
Abrahmen 51, 177
Acidophilusmilch 20
Aflatoxine 185, 138, siehe auch: Hefen und Schimmel 38
A'gfäulter Kas 86
Altenburger Ziegenkäse 141
Anämie 23
Antibiotika 33
Aschenkäse 125
Ausbeute 23f., 27, 185
Auskäsen 64
Ayran (orientalisches Joghurtgetränk) 42

B

Backsteinkäse 132
Bakterien 36
  Spezialkulturen 190
  Grenzwerte 186
Bauernkäse 62
Beaumont 134
Bifido-Bakterien 20, 25
Biologische Landwirtschaft 33
Bitterer Käse 31, 170
Blauschimmel (= Grünschimmelkäse) 142, 143
Bockgeruch 34
Brevibacterium linens 120, 190
Brie 140
Brimsen 107
Brucellose 27
Bruch 30, 185
  -bearbeitung 68, 116
  brennen 165
  totgebrannt 152
  waschen 152
Büffelmilch 26
Bürette (Säuregradbestimmung) 181
Butter 52ff. (Fotos: 54)
Butterkäse 129
Buttermilch 56, 185
Buttermilchtopfen 56
Butterschmalz 55
Buttersäurebakterien 170

C

$CaCl_2$ 28, 187
Calcium 20f., 28, 30
Calciumchlorid 28, 187
Cádiz (spanischer Ziegenkäse) 128
Camembert 138
  aus Schaf- oder Ziegenmilch 140
  Original mit Rotschmiere 141
Campylobacter 27
Casein 18f.
Cheddar 152, 160
Chesterkäse 162
Cholesterin 18
Clostridien 31, 170, 189
Coliforme 31, 169, 170f.
Colostrum 27
Cottage cheese 17, 107

D

D(–)-Milchsäure (linksdrehend) 19f., 47
Dauererhitzung 28
Deklaration 109
Desinfektion 30, 33, siehe auch Personalhygiene
Desinfektionsmittel 26, 35
Dicklegungszeit 115
Dickmilch 41
Direktvermarktung 108
Doppelschimmelkäse 142
Durchfall 31

E

Edamer 135
eimü-Test (Eutergesundheit) 33
Einfrieren von Käse 101, 185
Einlabtemperatur 186
Einlegen von Käse 101
Einschweißen 119
Einwachsen 119, 154
Einwegpapier 34
Emmentaler 165
Erhitzung von Milch 27, 189
Erlauftaler (Original NÖ Schaf- oder Mischkäse) 24, 96
Euterhygiene 34f.
„Euterfetzen" 34
Euterkrankheiten 32f.

F

Fäkalverschmutzung 31
Färben von Käse 63
Fehlgärung 29, 31
Feta 126 (Originalrezept)
Fett absolut (= absoluter Fettgehalt) 186
Fettkügelchen 24, 29, 186
fettspaltende Mikroorganismen 35, 41
Fingerprobe 75
F.i.T. 71, 186
Fliegengitter 175, 182
Flora danica (Kultur) 193
Folsäure 27
foliengereifter Käse 119
Formen 181
Frischkäse 71ff.
Frischkäserezepte 95
Frühblähung 169

G

Gallerte 74 und *passim*
Gasbildung 186
„Gervais" 104
Gläsler 174
Glundner 88 (Foto: 87)
Gorgonzola 143
Gouda (sprich: Chauda) 163
Gourmets 27
Grenzwerte 186
Griffprobe 117
„Gruyère" 166
gummiartiger Käse 170, 188
Gupf (oberösterreichischer Schaffrischkäse) 27, 95, 169

H

H-Milch 27f.
Halloumi (Zypern) 126
Handkäse 99ff.
  haltbar gemacht 101
  mit Weißschimmel 102
Handmelken 37
Hartkäse 145ff.
Hartkäserezepte 157ff.
„Haut" der Milch 44, 45, 189
  – siehe auch Homogenisierung
Hl. Hildegard von Bingen 22
Hohenheimer Käse 122
Hofkäse 161
Homogenisierung 29, 186
Hygiene 34ff. und *passim*

I

Imitate 17
Impfen mit Kultur 187
Inkubationszeit (= Bebrütungszeit) 112
Innenschimmel 138

J

Jerb = Järb 69, 181
Joghurt 22, 42
Joghurt-Starter 42
Joghurtautomat 44, 182
Joghurttopfen 79

K

Kaffeeobers 52
Kaliumnitrat 32, 187
Kaltsäuerung 189
Karpatenkäse 107
Käsebrecher 180
Käsebretter 180
Käsefehler 29, 90 (Topfen), 169
Käseharfe 180
Käsepresse 183
Käsereikammer 37
Käsereisalze 187
Käsereitauglichkeit der Milch 26
Käsesäbel 179
Käsetücher 179
Käsewachs 182
Kefir 22, 48
Kefir-Pilz 48
Kefirtopfen 79
Keime 30, 35 und *passim*
Kennzeichnungsverordnung 109
Klarmolke 57
Kochkäse 86, 88
Kochkiste 182
Kochkistenkäse 103
Krankheitserreger 31
Kühlen der Milch 35
Kuhmilchallergie 19, 113
Kupferkessel 170

L

L(+)-Milchsäure (rechtsdrehend) 19, 47
Lab 64, 66
 -menge 24, 67, 188
 -stärke 66
 -verdünnung 67
 -wirkung 66
Labfähigkeit der Milch 29f.
Labtopfen 73f.
Lactase (Enzym) 19
Lactose (Milchzucker) 19f., 189
Lagern der Milch 35f.
Lagenkäse 103
Lebensmittelgesetz 109, 186, 188
Lebensmitteluntersuchung 39
Leucozyten 27
Leuterschmalz 56
Liebe 188
Liptauer 79
Listerien 173, 189
Lungauer Topfenkas 82

M

Maden 175
Magermilch 51
Magermilchtopfen-Käserezepte 82ff.
Mainzer Handkäse 88
Mastitis 31f.
Melken 34f.
Melkmaschine 37
Messerprobe 75
Milcheiweiß 18f.
Milchfett 17f.
Milchsäure 19
Milchsäurebakterien 31, 41, 185
Mineralstoffe 20
Molke 57
Molkebad 58
Molkenbutter 60, 165
Molkensyk 60
Molkereijoghurt 44

Molketrinkkur 57
Münsterkäse 133
Myzel 138

N

Natriumnitrat 32
Nissler 169
Nitratzusatz 32, 187
Nitrosamine 32

O

Oberflächenschimmel 138
Olmützer Quargel: siehe Quargel
Orotsäure 23
Osteoporose 20

P

Pantothensäure 21, 23
Parmesan 166
pathogene Keime 28
Pasteurisierung 27f., 189
Pecorino-Weichkäse 134
Pecorino in Öl 126
Penicillium candidum = camemberti 141
Personalhygiene 29, 34, 171, 177
Pfefferkäse 125
pH-Wert 30
Phosphate 190
Pikieren 189
Pinzgauer Bierkäse 134
Pipette 180
Plasticoat 119
Plastik 177
Pressen 152
Pulsverhältnis 37
Pulszahl 37

Q

Quargel 88

R

Radener Käse 162
Rahm sammeln 35, 51
Rahmkäse 124
Rahmtopfen 78
Räucherkäse 128
Reifung 120
Reifungskeller 121
Reifungsraum 120
Ricotta 58
Rißler 174
Rohmilch 27f.
Rotschmiere 120
„Rollino“ (= Topfenroulade) 80 (Foto: 81)
„Roquefort“ 142
Röstkäse 88

S

„Sainte Maure“ 106
Salz 118
Salzbad 119
Salzlake 189
Sauermilchprodukte 41f.
Sauermilchtopfen 78
Sauerrahm 51
Saure Milch 41
Säurebildner 31
Säuregrad 181
Säurewecker 28, 31, 41, 62, 64f., 185
Silage 31f., 189
Sbrinz 166
Spalenkäse 166
Spätblähung 31, 169, 189
Spurenelemente 20f.
Sura Kas 85
Süßgerinnung – Säuregerinnung 66

SCH

Schafbutter 55
Schafmilch 24
Schafweichkäse nach Olivia Mills 127
Schalmtest (CMT) 33
Schlagobers 51
Schichtkäse 103
schleimbildende Bakterien 42
Schmelzkäse 190
Schmiere 120, 190
Schneebesen 180
Schöpfkelle 179
Schotten 59
Schrumpffolie 119
Schwarzenbergerkäse 127
Schwedische Langmilch 49

ST

Staphylokokken 31, 35
„Staub" 75, 90, 170
Steirerkas 84
Stutenmilch 25

T

Tbc 27, 93
Thermisieren 27, 190
Tilsiter 159
Tiroler Graukas 84
Toilettenbesuch 91
Topfen (= Quark) 71ff.
Topfenrezepte 78ff.
Topfenkäse 82
Topfenrolle 80
Topfenroulade „Rollino" 80
Topfkäse 83
Trockensalzen 118

U

Ungarischer Brimsen 108

V

Vegetarier 17, 21
Verkauf von Frischkäse 108
Verpackung 109
Verstopfung – siehe Molke, Kefir
Verziehblech 116
Vitamine 17, 20, 21, 27
Vorarlberger Sura Kas 85
Vormelken 34

W

Wachs 156
Warmsäuerung 189
Wasserbad 148, 178, 190, 191
Wasserzugabe (legitime) 113
Weichkäse 112ff.
Weichkäserezepte 122ff.
Weichkäserohling 113
Weißschimmelkäse 140ff.
Wenden des Käses 118
Wetter 93

Z

Zellgehalt 32f.
Zentrifugieren 51
Ziegenbutter 23, 55
Ziegencamembert 140
Ziegenfrischkäse 106
Ziegenfrischkäse aus Andalusien 128
Ziegenjoghurt 23
Ziegenkäse aus Andalusien 106
Zieger 59
Ziegerklee 60
Ziegerlkas 59
Zitzentauchen 34, 35
Zweifachpasteurisierung 27